我，其实还想进步

褚朝新 著

人民日报出版社
北京

图书在版编目（CIP）数据

我，其实还想进步 / 褚朝新著. -- 北京：人民日报出版社，2020.11
ISBN 978-7-5115-6563-1

Ⅰ.①我… Ⅱ.①褚… Ⅲ.①随笔—作品集—中国—当代 Ⅳ.① I267.1

中国版本图书馆 CIP 数据核字 (2020) 第 178623 号

书　　名：	我，其实还想进步
	WO, QISHI HAIXIANG JINBU
作　　者：	褚朝新
出 版 人：	刘华新
责任编辑：	张炜煜　贾若莹　霍佳仪
封面图文：	老　树
版式设计：	阮全勇
封面设计：	观止堂_未氓
出版发行：	人民日报出版社
社　　址：	北京金台西路 2 号
邮政编码：	100733
发行热线：	（010）65369509　65369512　65363531　65363528
邮购热线：	（010）65369530　65363527
编辑热线：	（010）65369509　65369514
网　　址：	www.peopledailypress.com
经　　销：	新华书店
印　　刷：	大厂回族自治县彩虹印刷有限公司
法律顾问：	北京科宇律师事务所 010-83622312
开　　本：	710mm×1000mm　1/16
字　　数：	230 千字
印　　张：	16.5
版　　次：	2020 年 11 月第 1 版
印　　次：	2021 年 4 月第 2 次印刷
书　　号：	ISBN 978-7-5115-6563-1
定　　价：	45.00 元

目 录

第一章 18岁我出门远行

没有留下照片的小学时代…3

18岁那年的夏天…6

武林往事…9

住了一辈子旧房的先生…13

父亲逝世十年祭…16

有一种遗憾叫从未对父母说过"我爱你"…21

再见吧,本命年…25

父亲的手艺在故乡失传了…28

祖先若有灵,一定被气醒…32

有一种幸福叫在湖北大学读新闻…35

他们留给我的念想,不多了…39

看到漂亮姑娘就紧张是一种什么病…42

他们一日日老去…45

一位初中老师给"差生"我的信…47

光头往事…50

高考,改变了我的命运…53

若不写新闻,愿做个菜农…55

谁会把你驮在弯成90度的腰上…58

思家的情怀今日不可抑制…61

见我戴手串后有些失望的姑娘，我想跟你谈谈………64

我没有抑郁的理由…67

江湖已变了模样…70

第二章 我，其实还想进步

新闻的作用…75

我，其实还想进步…80

写读者爱看的还是写读者该看的？…85

做时政，不从政…89

人在江湖，冷暖自知…92

江湖越老，胆子越小…95

我会更加努力…98

假如我有一天失业了，不必同情我…100

记者与酒…105

师父还是师傅？…107

挨骂与误人子弟…110

官员与媒体打交道的错误姿势…112

并不是所有报纸的死亡都值得哀悼…118

老司机的阅读习惯：少读二手信息，多读原始素材…120

目 录

第三章　与官员打交道的尺度

一位市委书记的烦恼…125

我不是秘书…128

向副省长借钱…131

与官员打交道的尺度…134

记者虽好,也不能多说…141

这种事不能拍照发朋友圈…144

帮不了的忙…147

拒绝在位的他和答应退休的他,我都无愧…149

县委书记县长的另一面…152

副县长吃鸡…155

县委书记公布手机号何以能成热点…158

"美女"当官…161

湖北这一波的官员电视秀让我追了半个月…164

傍晚组织部突然来电…167

第四章　所有的善意

帮到你是我应该做的,没帮到也请别见怪…175

做个热心人…178

为何你遇到的麻烦无人关注…181

我在这里写作,不是为了让你高兴…185

我不是"流浪记者"…188

今日,请允许武汉再大哭一场…191

饮一盏新茶,看满树花开…194

新患相思病…198

醉倒在"大虾之城"…205

一个省委组织部选调生的来信…212

第五章 往年的这个时候

它在乡间渐少城里日多，正好解了乡愁…217

路边的野花可以采，田里的家花采不得…220

满镇皆是粪臭味…223

往年的这个时候…226

舌尖上的记忆…229

在狭长的走道里种一盆绿萝…232

"艳遇"普洱…234

有一种成就感，需要时间慢慢酝酿…240

食无鱼，味不甘…243

在弥漫着烟火味的屋子里性感…246

有一种奇怪的乡愁：吃芹菜不带叶子，吃豆芽要掐根…248

只一小口，差点把我吃哭…251

在这个方面，湖南人一点都不比广东人差…253

我们终将无可奈何地老去…255

第一章

18岁我出门远行

没有留下照片的小学时代

1986年夏天，我马上就要7岁了。

那年头，没有幼儿园，甚至没听说过有幼儿园。学校开学报名那天，我在村后马路边志红家准备建楼房挖的屋基坑里玩，被父亲找到并带到了村小学。

大哥上小学时，村小就在我家屋后。有一年冬天，雪特别大，家门都被雪封住了。为了让大哥去上学，父亲用铁锹挖了一条路从家里到学校。我当时小，站在挖出来的雪坑里，看不到外面。后来，老家再也没下过那么大的雪。

几年后，等到我上小学，旧学校早被拆了，村里盖了新学校。新的村小学距家也很近，直线距离不过200米，中间隔着一个水塘，绕行水塘到学校正门，也不足千米。一年级的教室，距家最近，有时候，放学后在学校贪玩或者被老师留校，母亲站在房前喊我回家吃饭，在学校里都能听得到。

至今不明白，为什么盖起来没多少年的新村小也是破破烂烂的。印象很深，一下雨教室里就漏雨。教室里面是泥地，到处是漏雨滴出来的水坑。

学校只提供课桌，凳子得自带。每天上学放学，都得扛着板凳往返学校和家。

一、二、三年级，都是在村小学读的，当年的老师们如今很多都退休了。三年级的语文老师李老师，给我留下极深的印象。夏天，他批改作业时常打瞌睡，以至于批语写得歪歪扭扭，有时候打瞌睡钢笔握着几分钟不动，常常戳破了我们的作业本或者淌了满纸的红墨水。

他的另一个特点是，为了表扬学生作业写得好，会在作业本上用红笔写上一个大大的"优"字，最大的占满一页，"优"字越大证明作业越好，同学们常常比谁的"优"字更大。

李老师当时是学校年龄最大的老师，退休后据说成了远近闻名的中医。

学校里没有小卖部，只有两个村里的老人挑着担子卖点铅笔、糖、瓜子、猪油饼子、甘蔗之类的小东西。

四年级下学期开始，学校成了危房，不能继续使用，我们四处搬家，在农民家里上课。卖东西的老人，也随着我们到处搬。

四年级的下学期，是在五小队一户农民家里上的。那户人家的房子，当时好像是空置的，比较清静。

那一年冬天，没什么印象特别深的事情了，只记得老师偶尔要求我们每人每次交五斤棉花，做什么用不记得了。有一次，我们家没有棉花可交，是跟我一个班的堂姐桂荣帮我交的。

另一件印象深的事情，是农忙时偶尔要去老师家的地里帮忙干活。我们那里是棉区，割麦子收豌豆时，就要栽营养钵种棉花。村小的老师们，既是老师也是农民，农忙时都要在家抢种抢收。

五年级，学校再次大搬迁，搬到了二小队一个没有女主人的人家里上课。

那家人，一个男人带着两个孩子。他们家的堂屋，被当作了教室。黑板，是一块刷了黑油漆的木板，用钉子钉在墙上。他家有一个卧室，成了老师的办公室。当时，每个年级只有两个老师，分别是语文老师和数学老师，其他课程也都是这两位老师教授。

这家的大人和孩子，还住在屋子里。上课时，经常有人走动，他家和邻居家的鸡鸭猪狗经常在"教室"里走来走去，有时候鸡打架会扑腾进正在上课的"教室"里。

五年级的时候，流行玩扑克牌，打双升，也叫"拖拉机"。经常课间两个老师两个学生对打，我偶尔参加，一下课就进老师的"办公室"。有时候老师没来，我们也在"教室"里打双升，日子过得十分逍遥自在。不过，小学时代，男生是不跟女生一起玩的，也基本不说话。

六年级，学校再次大搬迁，搬回了经过修补的学校。那一年，算是正儿八经上了一年课，语文老师和数学老师都很年轻，也很优秀。他们当时热恋，周末只有六年级补课，我去办公室送作业时碰到过几次。

后来，他们结婚了。因为都姓褚，同姓结婚遭到族人反对。事实上，他们并非近亲。但因为同在一个村，村里很多褚姓族人反对。

乡间有些事，有时候很奇怪，没有血缘关系的同姓不能结婚，近亲却常常可以结婚。过去，只隔了两三代人的表亲可以结婚。当时年幼，并不知道他们承受了多么大的压力才坚持走到了一起，只是他们后来一起离开了老家，背井离乡去了遥远的新疆，近20年很少回乡。

从此，再也没有见过他们。据说，他们现在生意做得不错，日子也过得很好。真心祝福他们，健康平安。很多年不见，挺想他们的。

1991年夏天，小学毕业了，可惜没有留下一张照片。

2016年3月10日

18 岁那年的夏天

1997年的夏天，很热，再过几个月，就满18岁了。

因为马上高三，暑假在8月中上旬左右提前结束，返校补课。

补课第一天，一个多月没见的隔壁桌女生就突然问我：你暑假在干什么啊，晒得这么黑？年少时，在农村和县城里，黑并不是一种健康与美，而是一种生活艰难的表现。

那个夏天，是高二下学期结束后的暑假。放假从学校一回到家，我就开始发愁，四处寻找打工的机会。当年所谓的打工，基本上是特指在建筑工地上干活。父亲知道我的想法后，并不赞同，觉得我年纪太小，从小没怎么干过农活，未必有力气能上工地。

记得是一个特别热的上午，我决定自己出门找活。骑自行车，先到镇上，在一个瓜摊前买了摊上最大的一个西瓜绑在后座，然后继续骑行到县城，找到堂兄家，锁好自行车后抱着西瓜敲开了他家的门。

堂兄年长我20多岁，在一个中专学校任教任职，如今已退休数年。当时学校正在建教学楼，工地上热火朝天。我说明来意，希望他给我在工地上介绍个事情做。堂兄爽快答应，并安排我住在他家里。工地宿舍太脏，蚊子也多。

我，成了工地上的小工，每天从早干到天黑，干一天一个工，15元钱。干过的活有搬砖、用斗车拖运沙石、搅拌混凝土、提泥桶、扛预制板，等等，除了大工干的技术活，工地上所有其他的活我几乎都干过。

工地上，没有人会体恤你年纪小，扛预制板是最累的。四个人扛一块，从一楼地面一层层抬，楼盖到几层就要抬到几层。刚开始，扛不动，腿抖得像筛子。熟悉了几天后，除了肩膀磨破流血疼得难受，慢慢也就适应了。

最害怕的，是下雨天施工。搅拌混凝土的机器，经常漏电，下雨天赶工期，被电着是常事。有一天，我亲眼看到一个工人被电，从三楼被电倒摔落到一楼。幸运的是，他居然安然无恙。

每天下了工，浑身上下是泥沙，我会在回堂兄家之前到水龙头前冲一下，尽量不把泥沙带进家里。堂兄堂嫂很友善，堂嫂每天会将我换下的脏衣服洗净。堂嫂病逝时，虽是平辈，本不必跪拜，但我在她灵前磕了三个头。

不想给他们添更多麻烦，尽量不在他们家里吃饭。早上很早就起来，先去寻藏在砖缝里的笛子，练一会儿，然后差不多到了吃早饭的时间。

工地上吃早饭的情景，一辈子都忘不了：一个大竹筐，里面有包子和花卷，赤膊的男人们一哄而上，没有人会考虑自己多拿了别人就得少吃饿肚子，都是抢着吃。最初几天，我还有点害羞，抢不过，总是只能吃个半饱。工地上干活时，只能奋力强撑着。慢慢习惯了，几乎忘记了自己是个学生，也光着膀子挤在一群成年男人堆里抢食。

工地的午饭和晚饭，油水也很少，菜一般是一口大锅煮的一锅土豆或者冬瓜。不过，每盖完一层，工头会盼咐厨房加餐，会有鱼或者肉，每人还有一瓶啤酒。

那个暑假多雨，有时候雨太大，不得不停工。断断续续，我离开工地准备回学校补课时，只有17.5个工，工钱算下来262.5块，勉强够交学费。

自然，那个夏天晒得特别黑。

我没告诉隔壁桌女同学自己暑假里的经历。开学十多天后，和关系要好的一个男同学一起骑自行车去过一次工地，去讨要被拖欠的工钱。

2015 年 10 月 18 日

武林往事

村里，曾有习武传统。上小学前，村中还有老人免费授艺。

这位老人，其实是一个挑着担子到各村补鞋的鞋匠。那年代，似乎不管什么人都会那么几手。老人最后一次公开教授的，是板凳功。一个长条板凳，舞得生风。当时年幼，细节记不得了。老人不久后去世，村里再无练武的情景。

1995年，到了县城上高中。怕在县城里被欺负，父亲突然说要教我习武。此前，一直不知道父亲习过武。只是偶尔听说，他少年时善斗，但从未见过，不知真假。父亲好酒，常处在醉态中，无法想象他会是一个习武之人。

每个周末回家，父亲就在堂屋里教授功夫。扎马步击拳，这个基本动作，持续练了快一年。此后，他开始教一些套路。我也问过他，习的是哪一门哪一派的功夫。依稀记得，他说是罗汉拳，与少林有关。如今他教的整套拳法，忘得一干二净，无从考证，不知真伪。

高一、高二，练了两年。除了一套拳法，父亲还教了我一些实战的战术，如反关节击打术。习武，要练挨打，还练过用小臂外侧击打水泥电线杆，为的是招架对手的木棍和钢管之类。高三后，学业紧张,所学基本荒废。

因为不少同学见过我独自在校园的角落用胳膊击打水泥柱子,那三年无论怎么在校园里、在文科班发飙,都没人找我打过架。唯一一次打架,是在高二。隔壁寝室一帮理科生凌晨大声唱歌,吵得无法入睡,苦劝不听,上铺的兄弟一怒之下冲了过去。怕他一个人吃亏,我翻身起床从床下抽出备战的木棍,跟了过去。见人就打,无人还手,我俩悻悻返回。

上大学,又修武术课,先练长拳。队列里,一出拳,武术课老师立即问是不是练过。后来,还练剑、练棍。这些,大学没毕业就都忘记了。

我,是一个没有什么武术天赋的人。

2004年11月,武当与青城派因武当七星剑阵重出江湖而产生争执。因江湖传闻青城派不服,武当龙门派第25代传人王兴清委婉表达要与青城派掌门刘绥滨摆擂比武。那年冬天,和同事一起赶赴武当,与王兴清面谈,夜宿武当山下。

次日,在武馆的院子里,他让弟子展示了剑阵。当时剑阵仍处在整理阶段,看起来绵软无力,没有什么实战的威力。倒是王兴清的一把大刀,让人好奇。那刀,重30多斤,一只手端着吃力。在武馆院子里,操刀拍过一张照片。

离开武当,与刘绥滨兄通了一个电话,了解了这一武林风波的原委。通过刘绥滨兄,联系上峨眉派第38代传人傅尚勋和武御道创始人刘天龙。最后,打擂作为一个误会,就此了了。

不到一年,武术界在湖北黄石聚会,刘绥滨兄来电话约赴黄石参会。可惜,当时去陕西旅游,错过了与诸多武林人士见面的机会。此后,与刘天龙有过几次接触。他的徒弟越来越多,名气渐大。

此后多年,与武术界的关联渐渐少了。

2010年,武汉一家公司欠二哥货款七八万元数年不还,并派混混威胁前去讨债的二哥。无奈,找到当地的朋友,想让他帮忙讨债。

朋友打听了一下，对方也相当有势力，出主意说经济纠纷警察不便直接出面，可以找人堵对方公司的门，对方必然报警，这时候警方介入就好调解了。

按这个意思，只好重新梳理过去在武术界的关系，找了一位开武馆的朋友，让他派几个徒弟帮忙。后来，这个朋友出面加上公安的朋友从中周旋，二哥也多次上门追讨，债算是讨回了一大半。

2010年，因微博缘故，与刘绥滨兄联系上。2011年2月，出差去成都双流。双流距离青城山一个多小时车程，决定去青城山与他一聚，双流县委宣传部两位朋友坚持随往。

第一次见到他，清瘦长须，双目有神。饭桌上，他请了一帮当地政界、商界的朋友一起吃饭，大家喝酒抽烟，他只饮茶。吃过饭，他邀约去家里喝茶。我们边喝茶边听曾是同行的嫂夫人说佛法，绥滨兄则与一弟子在室内谈事。

次日，绥滨兄带我到青城山脚下他的会馆小坐。给已过世的师傅上过香作过揖，他陪坐着喝茶闲聊。茶罢，一起上青城山。

沿途，山中僧尼都与他打招呼，恭敬有加，可见青城派在青城山颇有声望。不少游客找他合影，绥滨兄都坦然应允配合，淡淡地笑。爬山刚到半腰，我即体力不支，他笑我逞能，不听他的建议坐滑竿。歇了几次，山顶仍远，绥滨兄只好带我下山。

下山途中，有弟子报告他，几名外地访客到武馆造访。听说访客中有年迈老人，绥滨兄驱车赶去武馆见客人，我一路陪同。武馆里，只有几名弟子。觉得奇怪，问起绥滨兄。他说，当地担心武校多、习武人众，一则可能因招生纠纷生出事端，一则担心部分习武人士涉黑，因此不太支持武馆招太多弟子。

送走客人，与绥滨兄交谈。得知我习过拳，他让我展示几个动作。惭愧，早年习过的那套拳，早忘得一干二净。聊起太极，绥滨兄兴起，要与我推手。太极，我是一窍不通，被赶鸭子上架与他对手。蛮力遇到巧劲，自然尴尬，幸好他留我面子，没让我难堪。兴起打闹，把随行的摄影记者秦斌兄弟的手弄伤出血。惭愧。

离开青城山，有事在身的绥滨兄执意让朋友开车送我们到机场。此后，偶尔在微博上问候几句。他社会事务很多，不敢多打扰。

刘天龙兄，后来也见过一次。夏天，送一个朋友去武汉火车站的路上，看到一家咖啡馆的名字里有"武御道"三字，猜与刘天龙兄有关。送走朋友，找到咖啡馆一问，果然是刘天龙开的。几年未见，他变了很多，不似早些年那般争勇好斗。

近些年，天龙兄经历弟子在训练中意外死亡等诸多变故。聊天吃饭，别过。几个月后，他来过一次电话，约见面一叙，可惜我人在京城。

与武林的这些因缘，至今未断，将来也必然还要再续。我无习武天赋，却难得与武林界有了这些渊源。是记，以为纪念。

住了一辈子旧房的先生

大学时代,我并不算一个好学生,经常逃课。

逃课,是从大二开始的。大一,胆子还小,不敢逃,但期末考试也没有一门课超过 80 分。

我的学号是 9802210001,也就是班上的 1 号。所以,每次上课点名,都是第一个被点到。逃课,也就特别容易引起老师们的警觉。

终于,有好心的老师把我长期不在课堂出现的事情报告给了班主任曾宪明先生。曾先生,教授新闻史,曾在河南一所大学任教,后来被聘到湖北大学新闻系。

先生到武汉后的第一个家,在一楼,老房子。那年头若去湖北大学内的著名景点——沙湖边和女同学谈人生谈理想,都得提心吊胆从他家旁边经过,怕被他碰到,尽管他并不干涉。不过情窦初开,大家都很羞涩。当年,好多男同学去沙湖,都是和女同学先分开过,到了沙湖边再会合。

第一次去先生家,是谈逃课的事。先生大概说了以下意思:听说有些课你很少去上,我也了解了一下,知道你平时多在图书馆看书,还出去跑新闻。这些都不错，不过你要记住，不能挂科，否则你拿不到学位毕不了业。

学新闻当记者，最初不是我的梦想，是父亲的愿望。父亲说，当下中国，要么当官要么当记者要么学法律当律师，才能自保和保护家人。这，是父亲作为一个农民兼小手工艺人朴素的世界观。为此，高考志愿选的专业全部是新闻学和法学。如今看，父亲的想法未必都对，却影响了我的人生。

农民的儿子，求学以谋生，是第一要务。先生的一番话，让害怕毕不了业的我每到考试前几日都晨昏颠倒苦背教科书，以求过关。至今保留的大学成绩单上，选修的《擒拿防身护卫术》考了80分，比大多数新闻专业课考得要高。

至今还感念湖北大学老新闻系黄家雄、廖声武、胡远珍、江龙军等诸位老师，让我四年里没有挂过一门课。没有他们的宽容，我恐怕真的毕不了业。大一大二教了两年英语课的刘柯兰老师，至今还偶尔会在微信微博里鼓励我，好好做记者，做一个好记者。

曾先生在湖北大学校园里，后来成了一道风景。他与师娘，相濡以沫，黄昏时分，常常手牵手漫步在校园里，几十年如此，在校园里传为佳话。2013年，湖北一家都市报甚至以一整版报道先生与师娘的故事。看到报道后，先生告诉我，其实与师娘也会吵架。吵着吵着，几十年就过去了。

毕业后，每年去先生家闲坐一两次。又一次闲聊家常，先生说，初到湖大（湖北大学）工作时，很穷，师娘退休前在学校食堂上班，收入不高。头几年新闻系的老师们聚餐，一般不让他掏钱。2007年左右，状况才略有好转，老师们聚餐大家才开着玩笑让他买单。

去年，湖北大学终于成立新闻学院，曾教我们新闻采编课的廖声武老师出任首任院长。曾先生则退休了，被另一所学校聘去授课。

今年春，回校看望先生。快到吃饭时间，先生和师娘留我吃饭，要去外面下馆子，我执意要去食堂。两老，以为我是怕他们花钱，其实我是想重温十多年前吃食堂的感觉。一番好劝,最终两老无奈地陪我去了食堂。吃饭时,师娘总担心我没吃饱或没吃好,一个劲要给我加饭加菜。坐在活蹦乱跳的师弟师妹中间,那顿饭吃得很香。

先生是北方人,受不了武汉一楼的潮,后来搬到附近一栋楼的四楼,仍是旧房。前不久去探望,先生笑着说:"我活到60多岁,没住过新房,没住过电梯房。马上要搬新房了,选了26楼,高吧?"

先生桃李满天下,生活简单。

2014年11月6日

父亲逝世十年祭

再过三个多月，父亲去世就满十年了。他死于癌症，从发现病情到离开，只有几个月。

2003年初夏，"非典"肆虐。我在报社里，不得脱身。突然接到二哥的电话：老头子走了。"走了"是什么意思，你晓得吧？电话里，能清晰地听到母亲撕心裂肺的哭声。我，懂了。

回家的长途车上，一路不停地哭。赶回家里，从后门进屋，他躺在门板上，脸上盖着一匹黄色的纸钱。脚上，穿着崭新的布鞋。我跪在堂屋里的泥地上，不停地哭。有人来劝，我依旧自顾自地哭。揭开他脸上的纸钱，蜡黄的脸已没有熟悉的表情。

这是无法弥补的遗憾。父亲弥留的最后时日，未能陪伴，甚至最后一面都没有见上。那以后，真切感受到子欲养而亲不待的悲切与无奈。这么多年来，无论自己遭遇了什么，每年的春节都坚持回乡过，父亲不在了，母亲仍倚门而待。

这十年，对父亲的思念从未间断过。

父亲其实是个篾匠艺人，擅长用竹子和竹篾制作各种家常用具，最拿手的是做竹床。20世纪七八十年代，父亲是远近闻名的师傅，授徒20余人，自家子侄基本都曾师从于他。不过，在最潦倒落寞的时候，他的徒弟们并没有以"一日为师，终身为父"的礼数待他。

因有一些手艺，父亲成为那个年代为数不多脱离了土地的男性劳力，家里当时也过得不错。今年春节，哥哥们回忆，幼时常常偷父亲的钱。在20世纪80年代初，大哥曾私藏过一大口袋5分的硬币。

依稀记得，1985年左右，尚未上小学的我也曾偷过一回父亲挂在床头的包。包里都是10元一扎的人民币，我只拿了一张。次日，大哥带着我在村里的小卖部买了一些花生分着吃了。被父亲发现后，大哥挨了打，我幸免。

在那个频繁停电的年代，家里还有几个值得骄傲的大电瓶，一停电家里就自己发电。停电的日子里，若是无雨的傍晚，附近吃过晚饭的本村或外村人就等在我家门前的空地上，等着发电看电视。

父亲后来经商，随后败落。我那时还小，对其中详情知道得并不太清楚。最近一次听二哥回忆，是被合伙人骗了。而合伙人，是关系亲近的人。

父亲由此消沉，40多岁回乡务农兼做点小手艺。在城里结拜的几个兄弟，逐渐不再来往。印象中，父亲自此对人情冷漠极为敏感，常常借酒浇愁。有一年春节大门前的对联是父亲亲手写的：穷在闹市无人问，富在深山有人寻。虽不工整，也未必是原创，但父亲当时的处境可见一斑。父亲去世，他那几个多年无来往的结拜兄弟去送过花圈，对他算是一个告慰。

父亲，中年务农，并不擅长种地，但常有超前的念头。比如大棚种菜，在老家算是较早的。村里，更是第一人。

中学时代假期里，常陪父亲卖菜。天不亮就起床，用两个货篮装好前一天采摘好的辣椒、茄子或西红柿，挂在自行车后座两侧，骑行约20公里到集市上摆地摊卖。他，与我各守一头，一人一杆秤，他卖我也卖。夏夜里，还经常在瓜地里和他一起守夜。

最艰难的日子里，村里不少人劝他，不要让我们兄弟几个上学，应该都出去打工赚钱。他很坚持：你们让你们的儿子出去打工赚钱，我让我的儿子读书。过十年，我们再看。

不知道父亲当时何以有那样的信心，坚信读书才有出路。初三，我依旧是一个沉默的孩子，学习成绩也不好，100 分的化学只能考 10 多分。中考前，父亲说，干脆复读一年，今年就不参加中考了。

在父亲的安排下，中考那天我没去考试，骑自行车到学校转了一圈，学校里空荡荡的，令人情绪低落、沮丧。暑假里开始补课，成为复读生。家里，依旧一贫如洗，有时候甚至不得不去邻居家借米。买菜油，都是用酒瓶子一斤一买。

复读，改变了我的人生，勉强考上了重点中学。我，成了褚朝新。此后，又勉强考上了大学。

消沉的父亲爱酒，常买醉，醉后则大发脾气，家里要么冷冷清清，要么鸡犬不宁。我性格孤僻以及后来对家庭与婚姻的恐惧，应与这段幼年的经历有关。

即便烂醉，父亲也从未说过让我辍学的话。有一天早上，我早起准备去学校，手上却分文没有。父亲和母亲还没起床，我站在床头要生活费，父亲让母亲给，母亲不给，两人争执了几句，母亲掏出 5 元钱扔在地上。我捡起钱，一路哭到了学校。

母亲或许忘记了这一幕，我此后也从未跟她提过。当时恨过她，上高中后慢慢不再恨了，更多理解她的辛酸与无奈。当时，一家人都不容易。

中学时代在家的夜晚，都是在饭桌上陪父亲度过的。他喝酒，可以慢慢喝三四个小时。他一边喝酒一边教育我诸多做人的道理。

父亲对我很宽容。复读前，我成绩一直不好，他虽然急切盼着家里出个人撑门户，但并没有苛责过我。

1994 年年底，二哥给我的一辆新自行车在学校被偷。当时家里困难到极致，因此极度自责而不愿回家。物理课上，物理张老师注意到我情绪低落，课间特意询问。知情后，他写了封信鼓励我并给了我

10元钱。他不久后离开了那所中学,再无音信。周末,父亲骑自行车到学校接我。路上,他安慰我:"算了,丢了就丢了。"

高中,到了县城。父亲决定教我习武。此前,听说过父亲曾习武,年轻时很能打,但一直不曾亲见。每个周末回家,他教一两个小时,我回校后每天坚持练。那时,我是学校里唯一一个成绩还算不错但不参加早操的学生。班主任谈话,我告诉他,我有自己的锻炼方式。他亲见了几回,不再说什么。

坚持了两年,一直到高中毕业。按照父亲自己的说法,他习的是少林罗汉拳。事实证明,我不是习武的料。这套拳,上大学后彻底被遗忘,很对不起父亲。

高二暑假,家里依然那么窘迫。一个炎热的早晨,骑自行车去县城找到一位有点门路的堂兄。在他的帮助下,成了工地上一个小工。每天,赤膊跟一群成年男人在一起做活,干一天一个工,15元钱。那个暑假,经常下雨,开学前只赚了不到300块。那个暑假,晒得黝黑。开学后,同学问我暑假干吗去了。年幼自卑,不敢说在工地上打工。

高中毕业前填报志愿,父亲建议要么读法律要么读新闻。父亲当时说:在中国,想要能自保和保护家里人,只有三条路,当官、学法律当律师、当记者。这,就是一个农民对中国现实的朴素认知。

在他的建议下,我填报的所有志愿专业全部是新闻和法律。到报社工作前,曾在某省直机关待过几个月,那种朝九晚五处处看人脸色的生活,不适合我。父亲当时其实有点失望,我明白,他其实心里暗暗希望家里有个人出去做官。

考上大学,算是给了父亲一些安慰。1998年的暑假,从高中班主任杨润发老师手里拿到了湖北大学的通知书。杨老师劝我复读考更好的学校,我则以家里贫困需要尽早工作为由婉拒。

揣着通知书,骑着自行车一路狂奔,从县城往家里赶。父亲,等在村后那条至今泥泞不堪的道路上。

走近，父亲只盯着我，却不说话。我故意说：没考好。父亲忙说：不要紧，不要紧。我瞬间后悔，不该跟他开这样的玩笑，赶紧笑着说：没考好，但上个本科没问题。那时，村里还没有几个本科生。父亲，随即笑了："走，回去喝酒。"

去湖北大学报到那天，父亲用一根扁担挑着我的被褥和二哥二嫂一起将我送到武汉。村后的土路上，挑着行李的父亲走在最前面。

大学期间，我曾给中国青年报写过批评老家基层政府暴力征收公粮税费的文章。看了我带回家的报纸，他很高兴，喝着酒鼓励："以后当记者了就该写这样的文章。"

父亲去世后，一度觉得自己失去了精神支柱。他爱酒，文化程度不高，但影响了我的人生。做记者十年，无论遇到什么事情，最先想起的人往往都是他。对这个社会、对这个国家，得意少失意多，无论得失都想跟他聊聊。我知道，他会懂。

父亲在世时，酒后常与母亲打闹。没有了父亲，母亲一个人落寞而孤单。她常说：那个老东西活着的时候，老说他不好，他死了，才觉得他活着更好。

2013 年 2 月

有一种遗憾叫从未对父母说过"我爱你"

四年前的这个季节，母亲已经卧床不起。没多久，她老人家就走了。

这几年，常常写到父亲，几乎没有专门写过母亲。其实，关于母亲的记忆很多，只不过我并不是一个足够细腻的人，日常粗枝大叶，很多事情已经记得不太具体了。

1993年年底到1994年年初，正读第一个初三，家里的日子很艰难。当时，一周的生活费是5块钱。印象中，那时候都是从家里带米去学校换饭票，每周的5块钱生活费大概是菜钱。

有个周一的清晨，5点多钟，早起准备去学校赶早自习。当时天还没亮，父母还没起床，我找母亲要那5块钱的生活费。母亲说，没有钱。我只好站在床头，默默地站着，不说话也不走。

父亲发了火，母亲找出5块钱扔在了地上，我弯腰捡起来装进口袋。从村里步行到学校的路上，哭了一路。那种心酸，一辈子忘不了。

当时，父母对是否让我继续上学是有分歧的。父亲坚持让我继续上学，始终认为只有上学才能改变命运。在他的坚持下，当时成绩极差的我复读了一个初三，才考上高中。

母亲，虽然没有当面明说过不让我上学，但我能感觉到她有点动摇。村里，与我年龄相仿的孩子大多数初中没毕业就外出打工去了。这些人家，一户一户盖起了新楼，而我们家很多年一直都住在破败的老宅里。母亲心里，当时或许是希望我出去打工赚钱一起改变家里的窘境吧。

家里七口人，只有一亩二三分地，几十年都以种棉花为主。棉花价贱，生活真的是很难。父亲，并不是一个地道的农民，有几年对地里的活儿并不太热衷，母亲因此一直是家里种地的主劳力。洗衣做饭，也都是母亲的活儿。好几个夏天，我能看到母亲小腿上成片的青筋凸起。

大概是后来理解她的辛苦与不易，没有再对她生过恨意。对她与父亲，只有满心的感激与怀念。只不过，我幼年生活的那种环境，从来没有养成对父母说爱他们的情感表达习惯。

初中时代，最怕母亲让我去镇上买食用油。在粮油店，别的买油人一般一次买一大壶，四五斤甚至上十斤。而我每次帮母亲去买油，都是用一个酒瓶子，买一斤，店主常常冷言冷语。少年时代可怜而脆弱的自尊心，每隔一段时间都要被那粮油店戳痛一次。

上大学后，母亲的态度改变很多。家里的日子虽然还是很难，但比初中时代好转了很多。每个月底，我从武汉回去一次。返校前，母亲总是会给我准备一些我爱吃的菜带到学校。

我爱吃鱼，因此每个月底回到家里，次日天一亮父亲或者母亲就会去镇上买一两条家鱼（方言叫家鱼，可能就是白鲢）回来，把鱼杀好洗净后，母亲会把鱼剁成一块块撒上盐腌起来。在我快要去镇上搭回武汉的大巴车前，母亲会把鱼块炕熟，冷却后装在罐头瓶里让我带走。她炕鱼的时候，我一般都坐在土灶前给她烧火添柴，慢慢记下了炕鱼的手艺。

那鱼，腌渍后用土灶大锅炕熟，拌有红剁椒，极为下饭，是我一直很爱吃的一道菜。母亲不在后，我常按照她当年的做法炕鱼块。

父亲在世时，母亲经常会与他争吵。父亲去世后，母亲又常感叹：那个老东西活着的时候，老说他不好，他死了，才觉得他活着更好。母亲是个老实了一辈子的农村妇女，她说这句话的意思，我大概懂，她是觉得父亲活着比她活着对我们兄弟的帮助更大一些。这话，让人心酸。

有几年，她特别担心我。那是我初到北京工作的头三四年，因为工作的原因得罪过不少人。偶尔会有传闻，说我在外面采访时被人打了之类的。谣言，让她很是担心。每次回去，我都要反复安抚她，让她不要相信外面那些谣言。

作用很是有限。有几次回去看她，发现家里堂屋四角贴了各种符。我劝她不要担心我，也不要信那些在村里活动的神汉神婆，她也不听。有一年村里想给她办低保，我制止，她倒是听了我的。

母亲确诊胰腺癌晚期时，我正在重庆出差，得到消息后立即飞回了武汉。随后几个月，完全没有工作，一直在武汉或者老家待着。那几个月，哥哥嫂嫂们和我轮流陪着她，直到送走她老人家。

有段时间，在武汉的居所里，我看书或者写东西，她就坐在一旁静静地看着我，偶尔问我几句话，然后在屋里东看看西看看，扫扫地擦擦桌子。最后的几个月里，我们轮流陪着她，陪她看电影，带她春游烧烤，希望她最后的日子轻松愉快一些。她还跟我说过，想去北京看看她那一代人的偶像，因病最终没能如愿。

2013年2月，我们都知道那将是她的最后一个春节，把她从武汉送回了老家。起初，我们瞒着她的病情，她还能像往常一样，经常下地到村里相熟的人家串串门。知道病情后，就从此卧床不起。能感觉到，母亲当时对死亡是恐惧的，对当时好了许多的生活充满了留恋。可惜，医生和我们兄弟三人对她的病情无能为力。

送母亲走的那天，我们没有像村里其他人家那样请乐队又唱又跳，只循环放着低沉的哀乐……

时间过得很快，一晃母亲离开我们已经四年了。又到了清明节，谨以上面这些零碎的文字，纪念我那吃了一辈子苦的母亲。

2017 年 4 月 1 日

第一章　18岁我出门远行

再见吧，本命年

公元 2015 年，农历羊年。

夏天，成了报社的高级记者，多了一点补贴。到现在供职的报社时，曾说过不希望为了钱写作。话说完，生活的压力却越来越大。想起来，有点难过。

这一年，报社里诸多同事时时鼓励，尤其是时政新闻部的编辑李梁兄和一起做时政四年多的几位同事，如钱昊平兄、刘斌兄等。他们，都是中国时政新闻领域资深的编辑记者，低调不张扬，不似我这般大大咧咧、散漫随性。他们，在工作上对我有诸多帮助和指导，其他方面也有诸多的包容。

这一年，曾带过的三个实习生陆续工作，他们都选择了做新闻，其中有两个进了同一家报社同一个部门，成了同事，认真写着新闻。这是我乐于见到的，也坚定了坚持较高门槛选择实习生的决心，亦坚定了继续认真带实习生的信心。这个行业，需要新人，对那些愿意认真做新闻的孩子，我愿意善待他们、尽力教他们一点。

8 月，又去了一趟山西。夏天那一次，采访没完，二哥突然病倒，医院下了病危通知书。

自己，已然不是那个可以不问家事的少年。临时赶回湖北武汉，联系医生，一通忙乱，一阵惊慌，数日后二哥转危为安。没等二哥出院，又返回山西，继续采访。

勉强完成工作后，回到居住的城市。去剪头发，给我剪了一年多头发的师傅一上手就惊叹：你头发怎么突然白了这么多？

那一趟，一共在山西待了28天，接触到的多数地方政府不配合，想见的地方官员诸多顾虑。为了更真实了解经历了塌方式腐败一年的山西的现状、变化与遇到的新麻烦，想了很多点子。比如，以为离退休的老省委书记应该比在职的官员们敢言，到处找人好不容易问到了两个前山西省委书记的秘书的手机号，但都不成功。

有一日，在一个纪念抗日战争胜利的大会会场，堵到了曾任山西省委书记的李立功老人。见到他时，已80岁的他坐在轮椅上被人抬进抬出。虽然见到了，也说明了来意，但不忍心过多打扰，打了个招呼，闲聊了两句，放弃了。那是一次不太成功的采访，费时耗力，但并未达到自己预期的效果，全程无比焦虑。

11月，又去了一趟山西。去机场路上，在出租车上暗自落了泪，觉得自己有时候像个孤儿，无所凭借、没有依靠。为了生计，不得不出门奔波。当时，在微信朋友圈发了一条消息，言辞颇为伤感。

人近中年，多了很多年少时不曾有的顾虑。

在湖南，见到了一个身陷丑闻中的官员。费尽心思，在他的办公室堵到了他。我开门见山，直接问到了丑闻。他告诉我，接受处理，当时他最大的心愿是孩子好好高考，自己的事情先放一边。

行文时，他即将高考的孩子让我心有顾忌。本想点名的这名官员，最后匿名出现在文章里，让无辜的孩子，至少高考不受影响。

岁末，半个月里做了三个讲座。其中两个讲座，是在高校新闻院系。不管是什么样的学校邀请，不管有多少孩子是真心愿意听，都接受邀请并认真准备。做了励志版PPT，又做实务版PPT。一场讲座，哪怕能鼓励一个孩子将来去做新闻，也值得。

另有一场讲座，在某省高级人民法院。有几年，很忌讳去政府机关开讲座，担心被误解，因此陆陆续续拒绝过一些官方邀请。这一年，想法有些许改变，希望更多去接触体制内的人，不仅仅是通过工作的方式接触。也多去表达自己，去尽可能影响一些人，哪怕影响很有限。比如，我告诉台下的体制内写作者，不要把丧事写成喜事，不要把人捧成神，假话谎言一旦白纸黑字，是会流传下去成为一个笑话或者耻辱的。

我想告诉他们，文字要敬畏，下笔需过心。

作为一个留守者，时常感到无力，这种无力感有自己的无能所致，有其他情况所致。微信公众号成了业余写作的主要平台。

这一年，继续写文章，但时时提醒自己不要做这样的写作者：不骂贪腐官员和失范的权力，专骂被鱼肉的百姓不争气；心里的正义只在远方，对那些遥远得够不着的事情满嘴唾沫星子，对自己生活的城市里的脏事、坏事、坑老百姓的事，一言不发。

不知道，这样的写作还能坚持多久。

羊年最后的日子，还等着一个大大的惊喜，这将是本命年最大的收获，也是我人生一个崭新的开始。

就这样吧，本命年，再见，走好。

父亲的手艺在故乡失传了

十余年来,一直都不知道该怎么定义父亲。

父亲的下半辈子,一半精力在务农。他,是村里第一个尝试大棚种菜的,虽然最后并不成功,大部分农活也是母亲在做。可是,他又并不像一个普通的农民,有时候倒像是一个粗通文墨的乡间先生,好酒,酒后爱发点议论。

中学时代,家境困难,有同辈叔伯劝他:读书有什么用,你屋里那么穷,早点让几个儿子出去打工赚钱。父亲笑答:过十年,我们再看。

其实,父亲小学都不曾毕业。20世纪40年代的农村人,能上学的并不多,父亲勉强上了几年小学就辍学了。

后来,随着对父亲的理解渐渐加深,慢慢厘清了:父亲不是一个地道的农民,他是中国农村一个半务农半做着小手工艺的匠人。闲时做手艺,农忙时种地。种地并不成功,手艺却在地方上小有名气。

年轻时,父亲学了一门手艺,那就是用竹子制作各种器具。在乡间,他这类人被称为"篾匠",会用竹子制作农村绝大多数家用的器具，大到蒸笼、竹床类，中到筛子、簸箕、竹篮、竹椅类，小到筷子等。记忆中，幼时村人日常生活都是用竹制品，淘米的、煮饭的、洗菜的、晾晒的、打场的、挑庄稼粮食的、睡的，都是竹制品。

我们村，并不种植竹子，全县也没几棵竹子。但是，篾匠却不少。因此，街市上贩卖竹子也是一个买卖。父亲因为早年做篾匠，后来积累了一些财富，经营过一段时间的竹子生意。生意失败后，父亲又回乡继续边种地边做手艺。

竹制品仍是家家户户生活的必备品时，靠着父亲这门手艺，我家曾一度是村里数一数二的富户。盛时，弟子一二十人，偶有一两个与父亲是同辈，其他多是父亲的子侄辈。

老家是传统棉区，地少人多，人均只有两三分地，几十年都以种棉花为生。棉花这种作物，一年种一季，种植时长达半年，四五月间播种、移苗，六七月间打药、防汛抗旱、整枝，九十月才有收获，11月份扯掉棉秆，有的种麦子，有的种点豌豆、油菜之类。

那年头，没有机器，完全是人工完成整个种植过程，棉花价低，棉农收入微薄，农民勉强糊口。每年到了收缴公粮税费时，一群村镇干部带着一帮社会混混，挨家挨户索要，没有钱缴纳税费的就搬家电、家具、自行车，甚至牵牛、牵猪。

棉农的窘迫，使得父亲的手艺在乡间颇为吃香，弟子也就自然多了。

父亲叔伯兄弟六人，到我这一辈，叔伯兄弟一共19人，我排行第十九。19个兄弟，近半都曾是父亲的弟子，最大的大哥，比父亲小不过几岁，当年也是父亲的弟子，如今已经60岁了。他们随父亲学艺，出师后自立门户，农时种地、闲时做点小手艺，勉强糊口。

20世纪八九十年代，粗劣的塑料制品和各种毫无美感的金属制品进入农村。那时，根本没有环保的概念，塑料、金属制品大面积取代竹制品，父亲的手艺由此开始没落，弟子们也慢慢都放弃了这门手艺，有的外出打工做了泥瓦匠，有的出门做了小买卖，有的继续在家务农过日子。

在塑料制品开始逐渐取代竹制品头几年，竹床仍有市场需求。那个年代，农村不仅没有空调，连电风扇都没有。每到夏夜，家家户户都是搬竹床到户外乘凉。一张竹床、一把蒲扇，是那年头酷夏夜晚的标配。

父亲的手艺，最有名的是竹床。每到初夏，很多人找父亲定制竹床。那时候，娶媳妇、嫁女儿都会定制一个新竹床。父亲是当地小有名气的打竹床师傅，找他定制竹床的自然较多。即便是有些弟子，出师后还是要找父亲定制竹床。

后来，电风扇和空调相继在乡村普及，竹床渐渐被淘汰，夜间在户外乘凉的也越来越少。父亲的手艺，几乎完全失去了市场。诸多弟子，无一靠这门手艺吃饭过活。父亲自己也渐渐不再做篾器，只是偶尔给家里做点家用的器具。

父亲生意落败后，处境一日不如一日，竹器也没有了市场。我们兄弟渐渐长大，陆续上学，家庭负担越来越重。有些弟子对昔日的师傅，也越来越冷淡，有的甚至避之唯恐不及。当然，那个年代的他们自己也都生活得很艰难，有些弟子对师傅晚年的窘迫有心无力。表哥声洪，是父亲的弟子，也是父亲的外甥，是诸多弟子中唯一一直都还算尊重他的人。

即便是盛时，父亲都没有让我们兄弟三个学他的手艺。但自小受到熏陶，高中时代学会用父亲的篾刀、锯、钻子等工具把厚竹片雕刻成一些小东西。最喜欢的，是刻竹鱼，那时每个夏天都会做一两个送给要好的同学。上大学后，远离家乡，渐渐手生淡忘了。

各类劣质的塑料制品泛滥，村子里没有任何垃圾处理，村前村后的水塘、空地到处都是各种废弃的塑料制品。年节时分，有的人家会点一把火烧掉堆积成山的塑料垃圾，刺鼻的气味满村弥漫。

篾匠，在村里消失了，父亲的弟子们都改行了，父亲的手艺在故乡渐渐失传。

因为一些让我喜极而泣的事情，这几日越发想念逝去的父母。此文，算是另一种对父母的思念吧。

2016年2月1日

祖先若有灵，一定被气醒

2013年左右，老家那一带兴起了一股修建祠堂的风气。没有深究，不知此风从哪里刮到我们那个穷县。

有一年的春节前后，刚好回老家。有族人去家里提起此事，据说，当时附近几个其他的姓都在集资修祠堂，我们褚姓也准备集资筹建。村里有牵头负责集资的族人说，希望我也捐点款。我问捐多少，他说你至少要捐个几千吧。然后，他介绍了族人们修建祠堂的计划：拟投资700万元，占地数十亩。

当时，我就怒了，明确表示不支持。第一，有这么多钱，为什么不干点更重要的事情，比如资助褚姓贫困学生，让更多孩子能顺利上学受到教育。第二，修建祠堂，花200万元顶天了，居然要花700万元，我怀疑有人趁修建祠堂牟利。第三，我是个记者，不是企业家，除了码字赚点稿费没有任何其他收入，不可能捐这么多钱干这种事。

褚姓，在中国算是个小姓，即便在我们县，也不大，经常被人写错或者念错。自1998年开始，我的名字相继被写成过楚朝新、储朝新、楮朝新、诸朝新、者朝新，褚字则多被错念成诸、者。好在后来褚时健变得很有名，认识褚字的人慢慢多了起来。

我村这一支，分三房，据说祖上是褚遂良。十多年前，在村里供奉的族谱上看到过这个记录，不知是近人杜撰还是真的历史。

网上关于褚姓的历史有几个说法：褚姓，以官名为氏。《通志·氏族略·以官为氏》云："本自殷（商）后人宋恭公子瑕食采于褚，其德可师，号曰褚师，因而命氏。"居民以地名为氏。褚姓还有另一种比较简单的说法，那就是以居地之地名为姓。据《姓氏寻源》载，古代有一个叫褚的地方，当地居民就以褚为姓。

2011年，去山东枣庄出差，意外受到枣庄族人的热情接待，当时族长褚思勤老先生带着我去参观了枣庄褚姓一族修建的祠堂。他们自称兰陵褚姓，将祠堂称之为家庙。据说，当地的这个祠堂是山东省级文物，翻修重建时耗资约200万元。

我觉得，这约200万元修建的祠堂已属于异常奢华了，老家要花700万元建祠堂，简直是胡闹。

枣庄那一支供奉的褚姓祖先，叫褚大。当时，陪同参观的枣庄褚衍超先生介绍：据史书与网络资料记载，在公元前588—前575年，宋共公之子段，字子石，被分封到当时的褚地（今河南商丘），因其品德高尚，当地人称之为褚师，因此褚师就是褚姓之始祖。褚师的后裔褚大，汉初迁至山东峄县（当时属兰陵郡），其后人褚少孙，才华出众，是西汉文学博士，少孙的后人褚重于东汉时迁河南阳翟（禹县）。褚重的后人褚碧，在西晋时迁至江苏丹阳，其后人分布在武进、苏州和钱塘等地。据顺治十三年河南睢州、山东兰陵创修的褚氏族谱载：山西洪洞、浙江钱塘、江苏武进、湖北黄州、奉天等地的褚姓，都是从河南或山东兰陵迁出的。

平日里敬畏佛道等宗教，但参观寺庙道观等宗教场所从来不跪不拜。虽然兰陵褚姓族人提供的信息里没有我老家的这一支，但那日我还是在褚大的塑像前毕恭毕敬地磕了三个头，上了一炷香。这，是对褚氏先人的尊重。

尊重历史、尊重自己的起源，无可厚非，但要耗费大几百万的巨资修建所谓的祠堂，我反对。

这30多年，见过很多贫困的褚姓孩子无钱上学、老人无人赡养、因子女不孝不养老人上吊或者喝农药自杀的事情，没有人建议集资成立一个褚氏贫困孩子的奖学金，也没有人建议集资修建一个赡养褚姓孤寡老人的养老院，就连我们村后的那条路，晴天一路灰、雨天一地泥，几十年如此，也没有人倡导集资修路。2013年，县里和镇里出面支持，才勉强修了一条水泥路。

正事没人干，却有人号召集资700万元修建一栋建筑供奉他们所谓的祖先。祖先若有灵，一定被气醒。

这很容易让人想起一个常见的类似现象：有些子女，不孝敬父母，父母活着时非打即骂，兄弟姊妹间为了谁赡养父母大打出手形同仇人，父母死了却大办丧事，请乐队、请歌手、请戏班，烟花爆竹从早到晚放得震天响。

听说我强烈反对，负责筹款的族人说，要是反对，续族谱时有可能会在族谱中被除名。我一笑：让他们除吧，除了名我自立门户，褚氏从此新发一支。

后来，捐款修祠堂的事再没有找过我，祠堂据说还是修了，具体花了多少钱不清楚。新续族谱的时候，大哥在老家替我缴纳了人均200元的费用，据说他们没有开除我。

有一种幸福叫在湖北大学读新闻

1998年的夏天，我被湖北大学新闻系录取，父亲用一根扁担挑着被褥把我送到了学校。

刚入校的头一年，一直觉得自己选错了专业。当年的我，性格内向，见到陌生人不知道怎么搭讪，见到漂亮的女孩子则会紧张得说不出话，新闻系漂亮女生又特别多。另外，当年虽然爱写点东西，但大多数是小情怀的文字，与新闻根本沾不上边。

是新闻系的老师们，在课堂上和课余的教导与关心改变了我，给了我自信。至今大约还记得，黄家雄老师讲新闻评论，曾宪明老师讲新闻史，廖声武老师讲新闻采访、编辑学，胡远珍老师讲传播学，江龙军老师讲广播电视，何海涛老师讲摄影，余艳波老师讲广告。1998年的湖大新闻系，老师并不多，但每一位都让我受益良多，教给我许多过去从不曾知晓的知识。知识，使人自信。

如今，黄老师、曾老师都退休了，新闻系升格成了新闻传播学院。知道这个消息的时候，暗暗替母系高兴了好一阵。

在湖北大学读新闻，其实是幸福的。因为湖大的师兄、师姐遍布武汉各大媒体，不少人已经是媒体的掌门人，去媒体实习的机会因此也会比其他省属高校多很多。2000年暑假，我第一次到报社实习，是曾老师找一位在长江日报工作的校友介绍的。毕业实习，又是曾老师介绍去的北京。曾老师的学生、我的实习老师张景华老师当时任生活时报（后来改名为新京报）编辑部主任。

可惜，当年条件有限，出门采访的机会不多。最近两年，主要做时政新闻的我会带着实习生去面对面采访一些省部级官员，或者带着他们跟一些地市县的书记县市长深入地聊地方治理与腐败。

2015年3月，我带着湖大新闻2012级的师弟李昊阳到山西，采访副省长兼公安厅厅长、公安厅纪委书记和数个地市的副市长、公安局长，让他面对面接触这些官员，亲身感受时政新闻的突破、采访技巧、报道角度及对敏感政治话题的尺度把握等。

有时候，我还会带着实习生一起参加采访之外的活动，这样有助于他们更立体地认识采访对象与社会。

新闻是一个强实践性的行业，读新闻，就要多读书早实习。不做大量的阅读，做新闻很难达到一定的深度与高度；不实践，坐而论道，你很难深入到一个复杂的新闻事件里理出头绪、找出亮点。

摄影课是何海涛老师讲的，是她激发了我对新闻摄影的兴趣。2000年的秋天，大三了，开了摄影课，买了一部凤凰相机，经常背着出校到处拍，拍过同班同学到草莓园摘草莓、路边摆摊的小贩、油烟扰民、在长江二桥意欲跳江自杀的失意人、在街头乞讨的孩子等大量现场照片。这些照片，后来相继发表在武汉地区的媒体上。尤其是我看到自己拍摄的同班同学的照片被大幅刊登在报纸上时，自豪而骄傲，再也没有懊恼自己选错专业。

因为在校外找新闻，偶尔会逃课，我的学号又是班上第一个，老师们点名时很容易注意到我不在教室里。为此，班主任曾宪明老师找我谈过话。得知我一边在图书馆大量阅读一边出校拍新闻，他曾鼓励我说：支持你做新闻，但也要保证每门课考试都及格，不能挂科，挂科将来可能就没有学位。

大四上学期开始，参加了一家报社的招聘考试，意外没通过，最后是靠着平时发表的大量新闻摄影照片和评论文章，直接到报社找总编自荐，才被武汉晨报录用。现在来看，当时写的、拍的都是小新闻，但正是这些小新闻锻炼了我对新闻的判断力与把控力，也帮我顺利地找到了工作。

我跟弟子们常说的一句话是：不要总想着一入行就写个惊天大稿，从小新闻做起，练好基本功。这几年，社会上很多人唱衰媒体，但干了快15年的我并不觉得做新闻没有活路了，没有活路的是那些功夫不深、情怀不够的人。不管报纸死掉还是电视死掉，新闻总需要人写，优质的原创内容永远是有需求的。有功夫在身，不愁没饭吃。

2005年，我被调到晨报教卫新闻部担任主任助理，分管高校教育与卫生新闻。当时，手下有七八个记者，每天两个版。做管理，距离我做职业记者的梦想越来越远。

2007年，我辞职去了新京报，做一个普通的记者，开始慢慢感受到职业记者的乐趣。那时，每写一篇报道就被满世界转载，到处都在谈论自己写的新闻，成就感爆棚。真的，新闻可以改变一些事情的走向，可以监督一些侵害公共利益的权力，可以还原一些不为人知的真相，让人感受到一种力量。2009年，我作为新京报的优秀记者代表被评为南方报业2009年年度记者。

2011年，想转型做专业性更强的时政新闻，于是从新京报辞职到了南方周末。自此，几乎每个采访都是在与公务员打交道，上至省部级官员，下至基层的普通公务员，笔下，则是在梳理管理部门的人事与地方治理的逻辑、总结腐败官员群体的特点与规律、揭露地方管理部门乱象与官员丑闻、展现不同流合污的正能量、记录各地管理部门的改革与新政，等等。2015年，梅开二度，我又一次被评为南方报业年度记者。

做新闻的头两年，总觉得新闻系的老师们教的东西用处不大，但在这个行业里干的时间越久越觉得自己对新闻的理解回到了校园里老师们教授的那些。比如，对新闻的社会功能的理解，当年老师们说新闻的基本功能是记录，而25岁年轻气盛的我觉得新闻就应该去改造社会。30岁时觉得写一篇新闻稿能改变一个具体的事情就很好了。到了35岁，发现在无法自由言说的年代新闻最重要的功能就是记录，能如实记录当下发生的事情才是最有分量的文字。

感谢当年湖大新闻系的诸位老师，教授我那么多东西。如今，他们还默默坚守在湖大校园里，为我这样的学生担忧与喜悦。

最近四五年，经常被各类大学和党政机关邀请去讲座，这对于本科毕业的我来说，是一种荣幸也是一种责任。这些年，面对了无数不同的善良与邪恶，见识了诸多其他职业一辈子都见识不到的光明与阴暗，结识了无数形形色色的警察、法官和党政官员。记者这份不用坐班、能游历全国的工作，让我获得了相对的内心自由。这些年的经历与遭遇，让我更清楚地知道自己活在什么样的社会里，也明白了自己该怎么活。去讲座的时候，我会把这些感悟逐一与大家分享，这当然是一种荣幸也是一种责任。

每一次讲座，我都会自豪地告诉台下的听众："我是褚朝新，毕业于湖北大学新闻系。"

2016年夏

第一章　18岁我出门远行

他们留给我的念想，不多了

阴历七月十五日，晴。

一

今天，是一个特殊的日子。趁夜下楼去买瓜果，沿途都是蹲着画地为圈烧纸钱的背影。琐事缠身，终究没有回乡去父母坟前祭拜。

父亲生前经常说，活着不把父母孝，死后大操大办都没用，那都是做给活人看的。我想，母亲纵然会稍有埋怨，但父亲一定会劝她老人家。

这几日，没有食欲，每晚去买西瓜当饭。想起20多年前，家里种过几垄西瓜。夜里，常搬着凉床去瓜地里守夜。村人厉害，不守夜就会有人去偷。家里的棉地，就被偷过，一夜之间，地里长开的几垄棉花被人全部摘完。那时家里困难，经不起这样的偷。

守夜，有一个好处是可以自由吃瓜。说自由，也不自由。父母有个习惯，家里种瓜果蔬菜都是把最好的留着拖到集市上去卖，外形不好的歪瓜裂枣留在家里吃。中学时代父母还种过几年西红柿，家里自己吃都是挑自然裂开、品相不好的，大而红的都是留着卖。潜移默化，当年的我也如此，即便一个人在瓜地里也是挑差的吃。

有一年夏天，西瓜丰收，父亲却将最大的三个瓜放在床底。我问为什么，父亲说等在武汉的二哥回家休假时吃。那三个又大又圆的西瓜，在床底下静静躺了很久。大约也是今天这样的日子，二哥才从武汉回去，一家人围坐吃瓜。我心里暗暗可惜，瓜放得太久，不那么鲜甜了。一家人，却吃得高高兴兴。

2003年初夏，父亲弥留之际，有一次回去探望，买了一个西瓜。还记得这样一个场景：门前，已经不太能说话的父亲躺在躺椅上，刚刚会走路的小侄儿拿着一瓣西瓜去喂他。吃着瓜，他艰难地笑了……

二

连续数日高温，闷热，出门即胸闷气短。人没精打采，脑子里似乎有很多事，又似乎没有什么事，无从说起，也不可言说。人活着，总有悲欢离合，总有喜怒哀乐。当社会角色越来越多时，喜怒哀乐常由不得自己。

偶尔，会翻出早年间的日记，或者是中学时代的书信。这些旧物，一直存着，一件都舍不得扔。从武汉去北京，从北京回到武汉，物是人非，这些旧物都还在。

常常遗憾，相册里找不到一张小时候的照片，现在能找到的照片最早也是初中的毕业照。幼时照相极少，唯一有印象的一次是小学的毕业照。没保存好，早就烂在潮湿阴暗的老宅里了。

想想，父母、大哥二哥那些年好像也没有什么照片。去年回乡，翻到1998年秋冬之际父亲写给大哥的一封信。那年夏天我上大学，秋天二哥结婚，大哥大嫂在福建打工都没有回来。父亲在信里十分罕见地表达了自己的欢愉，说起我在学校里的事情，说起二哥在乡间举办的婚礼……

幸好，大学时代给父母拍过一些照片。他们的影像虽然不多，但还算有，偶尔想他们，会翻出来看看。他们留给我的念想，不多了。

是的，今天我又想他们了。只是，蹲在马路边烧纸钱太山寨了，我宁可在心里默默思念他们，或者是写下一句：幺爷、姆妈，您们还好吗？

2016年8月17日

看到漂亮姑娘就紧张是一种什么病

早年间,有点自闭,看到生人就没什么话,在人多的地方说话就紧张,看到好看的姑娘就喘不过气来。有那么几年,一直以为自己得了自闭症。

在人多的地方说话就紧张的这个毛病,持续了很多年,经过一些锻炼,这几年稍微好了一些。印象比较深的,有三次。

第一次,是1999年春。当时是大一下学期,学生们因为驻南使馆被炸群情激愤。所住的6号宿舍楼有个传统,每遇大事就爱从楼上往下扔开水瓶。我很担心伤人,鼓起勇气站到楼下喊话,希望同学们不要扔开水瓶,下楼一起去上街。

第二次,是2008年。汶川地震后,在什邡采访。一群地震灾民买回的砖头像豆腐,一捏就碎。我在现场采访,眼看着现场要失控,冲上一个土坡喊话,安抚大家,并现场给当地市委书记打电话保证解决此事让大家满意。

第三次,是2011年去复旦大学讲座。那是人生第一次到高校讲座,那年头学生们对新闻还挺有热情,下面几乎快要坐满了。开讲前,突然发现U盘不见了,找不到讲稿了。本来这种场合就紧张,加上突然丢了稿子，急出一身汗。后来，据听众说，前五分钟我是有点紧张，后来就好了。后来慢慢讲座多了，也就稍微好了一些。

经过一些锻炼，这种在人多场合说话就紧张的毛病渐渐好转了一些，但直到如今也没有彻底好转，有时候公开说话仍有点紧张。

看到好看姑娘就紧张的毛病，则至今没有好转。

发现自己有这个毛病，是在高中。高二，分到了文科班。高三文科班有一个师姐，用现在的话讲是肤白貌美，扎一个马尾辫，而且发育得较早。普通话极好，每个周一全校的升旗仪式都是师姐主持。她毕业后，我整个高三都再也没有参加过学校的升旗仪式和早操。

应该说，当时是极喜欢那个师姐的。有一次，师姐跟一个比她矮、没她好看的姑娘在校园里逛，被我遇到。此后很长时间，我几乎都会在相同的时间、相同的地方"偶遇"她俩。

不知道她是不是意识到什么，几乎每天都在相同的时间相同的地方出现，有时候还会冲我笑。但每次遇到她，我都紧张得喘不过气来，假装偶遇，甚至有时候看都不敢看一眼，等她们擦肩而过，才回头看几眼。高度紧张，以至于我一直到她毕业都不知道她叫什么名字，也没说过一句话。

高中时代尚未开蒙，并不知道男女之间的事，这大概算我在高中暗恋过的姑娘吧。这事，埋在心里很多年，没跟任何人说过。

上大学后，校园里好看的姑娘一下子变多了，这直接导致我长期处在一种紧张状态。读的新闻系，班上自然也很有几个好看的姑娘。如今回想起来，整个大学时代都没跟她们说过几句话。

大学时代读了好些陈染的小说，算是对异性审美的启蒙。陈染笔下的姑娘，都是黑黑大大的眼睛、黑色的长发、穿黑色的长裙。那，是一种忧郁的美。此后遇到此类姑娘，无不紧张得要命、喜欢得不行。

那种紧张，就是喘不过气，说话结结巴巴，有时候语速很快，无法正常断句，无法正常停顿。等到一口气换不过来，才陡然停下，然后自己能听到自己喘息的声音。心脏，则怦怦乱跳，控制不住，人感觉要昏过去。

  不知道看到好看姑娘就紧张究竟是一种什么病。如今，在很多场合遇到好看的姑娘，我都不自觉会沉默，只会静静在一旁打量。

2017 年 1 月 17 日

第一章　18岁我出门远行

他们一日日老去

人到中年，从老家传来的消息中，"又有长辈去世"的消息最多。

母亲去世前后这几年，四个伯父、外婆、大嫂的父亲、长我近20岁的堂嫂、二嫂的母亲相继去世。也许，还有关系更远一些的老人去世的消息老家不曾传递给我。

父亲有一个哥哥一个姐姐，另有堂兄五个，都比他大。因此，在家族中他是老幺，家族里我所有的堂兄、两个亲哥哥和我从小都称呼他"幺爷"。在他盛年的时候，家族里有些事都是他主持。我，也是家里的老三，堂兄弟一共19个，我排行老十九，也是幺爷。大侄儿从小也是叫我幺爷，小侄儿没有沿袭这个传统称呼，如今喊我叔叔。但我没有像父亲那样，承担家族里的很多责任。

对这个庞大的家族，我内心的感情很复杂。在我6—18岁之间，亲历了很多人情冷暖。初中，常常没有钱吃早饭。高一，每餐到食堂打2两或3两饭，没有钱打菜，去菜场买腐乳，一块腐乳吃一顿饭。高二暑假，为了凑学费，在工地上打工，跟成年的男人一样干重体力活，每天只能拿到15元钱。

家里最困难的时候，只有姑妈和小舅时不时帮一下，那些年他们的日子也过得很难，能帮的也很有限。但在最落魄的时候，能给他一杯酒喝的也只有姑妈、舅舅和一个曾是他弟子的表哥。

大学，是哥哥嫂子资助我读完的。父母支撑着家里，常常凑不齐学费，大哥大嫂承担了我几年的学费，二哥二嫂承担了我几年的生活费。虽然钱并不多，但再也没饿过肚子。这些事，一辈子都忘不了。

母亲还在的最后两三年，我改掉了只给钱不常回去看她的习惯，只要回湖北就会抽空回家看她，哪怕只能坐片刻。2011年从北京去湖北广水出差，路过老家，抽空回去看她。正是夏天，我陪她坐在堂屋里聊了半个小时，吃了两块西瓜，留下一些钱匆匆离去。她病逝前，我陪了她三个多月，一直到送走她。

这些过世的老人中，二嫂的母亲与我最亲。从1998年到2014年，每年春节的初三我都是在老人家家里过的。按我们老家的风俗，初三是女婿给老丈人和丈母娘拜年。长年漂泊在外孤身一人，那十多年初三老人家都让我跟着二哥去蹭饭。如果不去，还要派人去接我。老太太对我的好，还有很多。每次一进门就张罗着弄饭吃，不管我是否刚吃完，生怕我饿着；陪几个姐夫打牌时，总怕我冻着，想办法弄各种取暖的东西，忙前忙后。

接到老人家去世的电话，当即就决定回老家去送老人最后一程。高二暑假打工，住在堂兄家里，堂嫂每天给我洗一身泥灰的衣服。她去世时，也赶回去送了她最后一程。

如今，这些疼爱我或者疼爱过我的老人一个个离开了。幸好，姑妈和舅舅们身体都还好。这两年回去，虽然有时候既不过年也不过节，也尽量抽空去看看老人家们。有时候是大哥陪我去，有时候是二哥陪着去，算是我们的一个心意。

老人们一日日老去，看一次少一次了。

2017年1月18日

一位初中老师给"差生"我的信

褚 X：

　　看了你的信，我很难过，也能理解你的心情，更同情你的处境。每个家庭，都有一本难念的经，每个人也都有自己的苦衷，我对这些深有体会。因为我本人读书时家中的条件也很差，也经历了多种困难和挫折。

　　我读初中、高中是靠家里借钱，上师专读书时一部分靠家里向亲戚借，另一部分主要靠学校的助学金和自己搞家教，还有假期在外赚点钱。读书的艰辛酸甜苦辣，我都尝到了。

　　我现在就我切身体会告诉你，目前你读书主要靠家里，以后主要靠自己。人要沉得住气，不管家里情况如何，你只要能读书就要尽力用心读下去。家里的情况你现在想管想操心也是无能为力，心有余力不足，所以你担心也是那回事不担心也是那回事，倒不如安下心来搞学习，等你考出来今后长大了自然就有能力有办法帮家里分忧解难了。你说是吗？

　　人与人之间的关系是很复杂的，家庭的社会的都如此。你目前不要管这些，长大了自然会体会到、明白的。

至于丢车一事，我问了校领导及其他班主任，他们说原来学生统一交了钱，所以丢车的学生可以有30元赔偿，但现在均未赔偿。所以，你不必再等学校答复，只能自己认命了。本想本周六同你一起去你家里同你父亲谈谈此事，让家里不要怪罪于你，无奈事先同别人约好有事走不开，所以我先给你10元钱，你周六不敢回家就不要回家，等下周三我再同你一起去你家了结此事，好吗？若钱不够用，可再找我。

　　记住：要成器必须先沉得住气，不管遇到什么挫折和打击一定不要动摇读书的决心和信心。

　　仅此，祝学习进步。

张

94.12.8

　　这封信的始末：

　　1994年12月，大概正是我复读初三的上学期。当时，我属于差生，100分化学只能考10多分，因此1994年夏天没有参加中考，暑假后开始了复读。张老师，在我刚开始复读的时候短暂代了一段时间的物理课。

　　有一天，我在课堂上被张老师点起来回答问题。当时，我的自行车刚刚被偷，情绪低落。那辆自行车，是二哥给我的，八成新，对家境异常困难的我们来说，那无疑等同于现在的一辆小轿车。

　　课后，张老师找我谈话，说发现我的情绪不对，我如实相告。放学后，内向木讷的我给他写了一封信，详细讲述了家境的窘迫和丢车的严重性，以及我跟学校交涉索要赔偿的经过。然后，有了他这封信。随信，包着10元现金。

　　那个时候，我一个星期的生活费，大概是5元钱。

　　这事发生不久，张老师就离开了我就读的那所中学，再无音信。

那10元钱,一直没有还给他。连谢谢也没有机会对他说一声。

周日,发现我周六没有回家,父亲骑车到学校找我,得知自行车被盗,他没有责怪我,把我接回了家。

没有机会道谢,今天再次向张老师道声谢,谢谢您当年的帮助和鼓励。如果您能看到这篇文章,请一定联系我,我邀请您喝杯酒。不过,如今我叫褚朝新了。

2017年2月13日

光头往事

那大概也是暮春初夏时节,风吹到脸上已经没有了寒意,但武汉尚未到闷热的夏天。正是这样的日子,我去湖北大学校门口的理发店剃了个光头。

"莫开玩笑哦。"理发师不敢动刀子,反复问我。

"不开玩笑,你剃吧。"我很认真地说。

剃个光头很快,先过水洗一遍,一把剃刀几分钟就把一颗脑袋剃得精光。

回到学校,一念之间,决定出门散散心。坐船,大概最符合当时我的心境。那时候,我还没开始做新闻,是个伪文学青年,读的书多数是小说与诗歌。

于是,背上为了上摄影课买的凤凰相机,揣上了自己所有但并不多的现金,在武昌车辆厂对门坐上了去武汉关码头的公交车。记不清是哪一趟了;大概是606或者729之类的。

剃光头,是年轻的我表达某种情绪的方式。

1999年秋天,我陪着湖北大学新闻学会几个会员去咸宁医学院参加一个辩论赛。回武汉前,受该校一名武汉籍男同学之托给他在湖北大学的一个高中女同学带点东西。就这样，我认识了这个武汉姑娘。

第一次见面，我们绕着操场走了大概20圈。这个数字，是在篮球场上打球的同班同学数的，我并无知觉。此后几个月，我们常常在一起上自习、去图书馆看书、去食堂打饭，然后回到我寝室一起吃饭……

那种感觉，极像大学校园的恋情。春节之后返校，我表白了，然后现场被拒绝了。

此后几个月里，我每晚在寝室熄灯之后点上蜡烛给她写信。去学校商店买的白纸，自己把纸裁成两个A4那么大。黑墨水钢笔，竖着从右往左一列列写，经常弄得右手一手的墨迹。那些信，积攒几天给她送去，积攒几天给她送去。

我们，终究没有在一起。随后的几个月里，我看谁都不顺眼，做什么都没劲。终于有一天，觉得自己必须从这种低落的情绪里走出来。剃个光头，放下，重新开始。当时，大概是这么想的。

在武汉港，现场随机买了从武汉去九江的船票。登船期间，突然两个警察走向了我。

"你是干什么的？要去哪里？"一个警察问我，另一个警察在一旁静静地看着我。

心情不好，自然有些阴郁，也有些不耐烦："不干什么。"

警察又问我要去哪里，我说去九江。他们又问我，去九江干什么，我说不干什么，玩。

最后，两个警察决定带我去值班室。在值班室，我只好拿出了学生证。一个警察翻着我的学生证，笑着说："好好的大学生，剃什么光头啊！"然后，他把学生证还给了我，让我走了。

凌晨12点左右，船到九江，我抱着相机在码头附近的旅社睡了一夜。那，是我第一次出省。次日，听说九江对面就是湖北的黄梅，坐轮渡过江到黄梅县的小池镇住了几天。身上的钱快花光的时候，买了张船票又回到了武汉。

后来，我们作为朋友继续往来。有一次去她家里玩，她把当年写给她的所有信都还给了我。有五六十封，后来被我一把火烧了。现在想想，真后悔，那些信应该留着。

大概多少受我的影响，本科读外语的她后来上了新闻系的研究生。2007年，我离开武汉到北京工作后，就失去了联系。

武汉的天，变得很快。从九江回到武汉不久，天就热起来了，有一天在武汉长江大桥上一个朋友帮我拍了张照片。最近很多看了照片的朋友说，当年剃个光头的我看起来像个劳改犯。这，就是当时剃光头的来龙去脉了。

2017年3月1日

高考，改变了我的命运

1998年7月，是我的高考。那一年，湖北一本分数线是532分。

当年，考前填志愿。我的第一批第一志愿，报的是中国地质大学，填报的专业是新闻学和法学；第二志愿是华中师范大学，第三志愿不记得了。华师录取线当时比地大高，第一志愿填地大第二志愿填华师，纯属乱填的，当时就是想去地大。第二批第一志愿，报的湖北大学，专业是新闻学和法学，第二、第三志愿，也不记得了。

填报志愿前，父亲跟我说，在当下的中国，有三种人稍微好一点：一个是当官，一个是做记者，一个是做律师。所以，当时就自知当不了官的我志愿专业全部填报的是新闻和法学。

因为家里困难，班主任杨老师在高考前几个月就找我谈话，说整个地区有三个贫困生名额，只要过了一本线，报了地大就能录取，给我争取了一个。最关键的是，地大可以给我免四年学费，每个月还有生活补助。就这样，我一门心思想去地大。

从小学到高中，一直都是学渣，初中复读一年，勉强考到一中，过一中录取线0.5分。高二，分到文科班后才稍微强了一些，破天荒地当了两学期的班长。前不久，回老家和杨老师喝酒，还回忆起一件往事：高三下学期，因为高三上学期期末考试没考好，我提出辞去班长全力备战高考，并推荐了女同学黄姑娘接任班长。杨老师不同意，说即便我不想当班长，也必须当团支书。

班会上，杨老师直接宣布，我任团支书。我也没客气，马上站起来当着全班的面说：报告杨老师，我没入团。就这样，最后一学期，算是全身心投入到了高考备考中。

造化弄人，我还是只考了529分。那一年，历史全国性考得不好，满分150分的历史，我只考了六七十分。很多人建议我去查分，后来想着有个大学上，就没去复查。文科班两年，历史和政治都是我比较强的两门，政治也考得不太好，不到90分。相反，平时很差的数学和英语，都考了120分以上。

暑假过了一大半了，班上陆续有同学拿到录取通知书，我的迟迟没有消息。通知书终于到了，杨老师通知我去拿录取通知书，当时不知道被哪里录取。在杨老师家里，我看到了湖北大学新闻系的录取通知书，满心的激动。杨老师说：褚朝新，复读一年吧，至少要考个武大。

我说，家里困难，想早点上大学早点毕业找个工作，早点给家里减轻一点负担。

记得很清楚，那天骑自行车去县城拿的通知书。回到村后，父亲在村后的泥巴路上等我，远远就问我考得怎么样。我故意一脸的失落，说考得不好。父亲马上说：没事，尽力了就好。我才赶紧说：上个本科没问题。

高考，改变了我的命运。如果考不上大学，十有八九我就会去工地上打工，或者在家里种地。

现在想起来，一点都不后悔去了湖北大学。湖北大学新闻系，当时虽然是二本录取的我，但有一帮好老师，是他们开启了我的新闻之路。

往事如烟，一晃快20年了。

2017年6月7日

若不写新闻，愿做个菜农

中午11点多，地里已过30度。再过一阵子，天会更热。我光头顶着日头，去地里看大哥大嫂种地。

大哥今年46岁了，和大嫂一起在老家种地。20多年前，他们两口子就在福建的一家童装厂打工。2011年前后，他们回老家开始种地。那时候，母亲还在世，我们总觉得家里该有个人，能照顾照顾母亲。

老家过去是棉区，几辈人都是种棉花，每户只有一小块菜园子，种点茄子辣椒之类，极少有人种瓜果。上小学时，村里和附近的村子里只有桃树和枣树，苹果、橘子、梨子之类的水果在果树上的样子都没有见过。

幼年，谁家的棉花被偷了、菜被偷了，村妇们会左手端着砧板、右手掂着菜刀，一边用菜刀剁砧板一边满村叫骂，用各种恶毒的语言从村东骂到村西、村头骂到村尾：哪个砍脑壳的，偷了老子的瓜……

当时物资匮乏，大抵如此。

棉花价格太低，一年只能种一季，收成往往入不敷出。我清晰地记得，农业税没有取消的时候，每年八九月一群乡镇干部就带着一群混混，挨家挨户收各种税费，那时正值青黄不接，棉花还没有出售，棉农一般都没钱缴纳税费，乡镇干部和那群打手一样的随从就搬农民家的电视、牵牛……

小学和初中时代，我曾多次亲眼看到这类场景。有一次村里一户没钱缴纳公粮税费，干部们就搬他家里的家具，大哥忍不住骂了一句，说他们像土匪，十多个成年男子围住了大哥。大哥当时正读体校，练的又是田径，很轻松就跑掉了。我亲眼看到大哥跑到村后，一纵身跃过了村后那条几米宽的水渠，追他的那群男人没一个敢跳，眼睁睁地看着大哥跑掉。

我们家，也遭遇过一次。那群镇干部也是要搬家里的东西，大哥二哥不满，说他们应该等10月份棉花卖了有钱之后再来收费，差点被绑走。一场混战，各有损伤。那一次我不在家，没有目睹，都是听父母和哥哥们讲的。

种棉花，大概就是这样的光景。于是，当国家不再强制我们这个棉区种棉花后，种棉花的农户就越来越少了。种各种蔬菜，成了一种流行：花菜（也就是北方人说的菜花）、包菜、莴苣、土豆、大蒜、西瓜、香瓜、西红柿、茄子、辣椒、苋菜、豆角、丝瓜、瓠子、蚕豆、毛豆……

几十上百年，我们村都是靠天收。所有农田的灌溉都靠农田附近的几口水塘，基础水利设施几乎全部瘫痪，大雨就淹，大旱就干。近些年，经常大旱，农民只能靠人工挑水浇菜，苦不堪言。前些年，上面拨款架了电线、打了机井，便于农民抽水抗旱，但因村里拖欠电费被掐了线，地里架设的电线杆子好几年都只是应付上面检查的摆设。为此，我曾向县里和镇里反映这事。

今天，大哥告诉我，用电的问题解决了，供电所给村里新批了一块电表用于抽水抗旱。春节前，沟渠也部分修缮了，只剩下田间地头的路还不太好。说到这，真的要为老家那些还能为农民做点实事的基层官员点个赞。

最近几年，我常常有这样的念头：如果不再干现在这工作了，能不能回老家租点地种种菜？不用农药化肥，用农家肥，全部搞真正的生态种植。现在，有了电能抽水、沟渠修缮完备，旱涝不怕，我的种菜梦又近了一步。

把距离武汉不足 100 公里的生态菜卖出去，真的有那么难吗？

2017 年 5 月 29 日

谁会把你驮在弯成 90 度的腰上

最近，一直待在恩施。

以前有朋友介绍，恩施有两件很可怕的事情：土家妹子，苞谷酒。意思是说，土家妹子酒量很大，而恩施当地产的苞谷酒又很烈。两者合二为一，无数外地人被热情的土家妹子喝倒。幸好，此行没有遭遇，有过一顿大酒，都是几个自家弟兄。

8 月 19 日从武汉出发时，武汉还是高温，到今天已经待了 17 天。日子，终于从必须 24 小时开着空调凉到不开空调还要盖被子睡觉了。

先是在利川待了四天，然后返回了恩施州城。每日独自在路边小店吃饭，成了观察小城的主要方式。三餐里，只有早餐固定在一家小店吃。这家小店的早餐味道好，卖早餐的那一家人也让我感兴趣。

那是一个四世同堂的家庭。多数时候，我并不与他们交谈，只是在一旁观察他们：中年的夫妇是小店的当家人，两个长得有些好看的年轻女孩打下手。一位年迈的老人，带着一个一两岁的孩子。

从每次煮面给的量看得出来，这家人很实诚。有两次，我都吃不完那一海碗的面，不得不嘱咐，可以少放点面。减量后，男老板和稍微大一些的女孩都在观察我，一看我吃完就相继来问我：够不够，吃饱没有？有两次，男老板还要送我豆浆喝。

这一家人，我最爱观察老人。有时候店里客人有点多，但还空着几个位置，可一旦再有客人进店，本来坐着的老人就会站起来，让出位置，默默走到店外或站或坐。

有一天早上，我看到年迈的老人居然背着小朋友，腰几乎弯成了90度，忍不住拍了几张照片，又忍不住和老人聊了几句。大概是没想到我会主动搭讪，老人有点兴奋，开口说话时唾沫飞溅出来。

我问老人：您背的是孙子还是孙女？老人背着孩子扭过头笑着回答说：这是我的重孙。我笑了，又问：四世同堂啊，那您今年高寿啊？老人说，八十了。

常态下，我并不擅长跟陌生人聊天。与老人的对话，也就到此为止了。

这位老人，让我想起前几日在利川见到的另一位八旬老人。因为有认识的朋友的腰疼被老人治好，于是我慕名去求医。朋友的朋友松哥，是老人治好的。据说松哥当时的病情，远比我严重。被治好后，拜了老人为师，学了他那套治腰的医术。

治疗，就在我住的酒店里进行。因老人几乎全盲，加上年迈无力，松哥就不太想让行动不便的老人每天往返他家和我居住的酒店。没想到，有一天老人不放心，自己坐摩托车到酒店找到了房间里。

老人给人治病不收钱，纯粹是朋友间的义气与情谊。有点遗憾，老人虽然治好了几个熟识的人，但四五天下来我的病情并无太大好转。离开后，老人给我打电话，在电话里反复说着抱歉没把我治好的话。或许，是我太心急了。

这些老人，他们生性拘谨但善良，常常在外人面前显得有点怯，常让我想起自己的母亲。2013年，接母亲到武汉住过一段时间，带她出门不管见到谁她老人家脸上都有一种淡淡的、不好意思的笑容。

这十余日，几乎都是一个人待在酒店或者病房里。一个人待久了，半身残病，几许闲愁。这几日，连续不断的小雨，闲愁更添了几分……

　　又快要到小城满城桂花香的时候了，可惜归期将近，要回武汉了。只能道一声诸君秋安、恩施再见了。

2017 年 9 月 4 日

思家的情怀今日不可抑制

昨天，是二哥的生日。今天，是阴历七月半，中元节。明天，是我的生日。

父亲早年时常开玩笑，说这三天鬼门打开了，二哥是鬼门刚打开放出来的，我是鬼门快要关时放出来的。

大哥昨天赶去了武汉，给二哥庆祝生日。亲友群里，我看到一家人在一起唱生日歌。二哥还是那样，有点不好意思，眼睛都不知道看哪里。哈哈，兄弟三人里，二哥最羞涩。

大哥在群里说，等着我回去过生日一起喝酒。我跟他开玩笑说：你那酒量，喝个半斤说话就像吵架。他说，最近不怎么喝酒，一般也只喝二三两。一高兴，我就在群里发了个红包，还留了一句话：少喝酒，多喝茶。

大哥的脾气，更像父亲。二哥与我，更像母亲。但不管像谁，都是一家人。

年幼时，与两个哥哥很少在一起。他们年长我七八岁，我上小学，二哥就上了初中，大哥当时好像在体校。等我上初中，二哥高中毕业已经到了武汉工作。大哥，在村小学当了几年老师，算是相处的时间更多。后来,大哥大嫂去了福建打工,好些年一年的时间里就过年那几天在一起。

1998年9月,我上大学,两个月后二哥二嫂结婚,大哥大嫂都没有请到假回来。寄人篱下,混一口饭,不容易。

兄弟三人常年不在一起,但哥嫂们对我这个老三极好。大学四年,基本是大哥大嫂和二哥二嫂供完的。大哥大嫂那几年在福建打工,收入微薄,但承担了我几年的学费。二哥二嫂在武汉,日子稍微好一些,承担了我几年的生活费。就这样,我在他们的资助下读完了大学。

2011年,考虑到母亲慢慢年纪大了,家里没人照顾她,我建议大哥回到了老家,种着几亩薄田,勉强糊口。大哥曾想过做生意,他一直想开茶叶店之类的,我确实没有能力给他投资开店,他也就放弃了,至今在老家种地。

大哥种地,也很像父亲。想法很多,但每每收成不好,再或者好不容易丰收了卖不出价钱来。我每次回去,都要去地里看看,别人家的地里收拾得干干净净没有杂草,他的地里经常草跟菜一样茂盛。为此,二哥和我常笑话他。

今年,大哥居然在几辈人都种旱庄稼的地里种起稻子来,让人瞠目结舌。他说,是旱稻,不需要太多水。前天他在群里发照片,看起来好像还不错。哈哈,希望这一次他能丰收并卖个好价钱。

二哥的生意这几年不太景气,勉强维持着。我帮不上他,替他要过欠款。一家企业欠他一笔货款数年不付,二哥每年上门讨要,今年春节前甚至打算背着被褥上门去讨债。我实在看不下去了,出面沟通了一下,对方很快就付清了货款。还有几家欠款,二哥却不让我管了。

这几年,他们渐渐理解我了,知道我的工作性质特殊,很多事情不能做,也很少开口让我办什么事。大哥在家安心种地,二哥的生意惨淡,勉强维持着生计。

其实,也求过人。一个是我的师兄,大学时住在对门寝室,多年的私交；一个是曾经的同行，如今离开了媒体。我曾拜托他们帮我给二嫂留心个合适的工作。至今未成，也就不再好意思开口。最近，有个兄弟知道我的为难之处，主动提出替我留心。有一晚在家里一起喝酒，他差点把我说哭。

无力给他们什么帮助，只能在心里盼着他们平平安安、健健康康。这，算是自己的生日愿望吧。

2017年9月5日

见我戴手串后有些失望的姑娘，
我想跟你谈谈……

最近，在微信朋友圈发了一张自己最近的照片，有个姑娘惊讶又好像有点失望：你也戴手串了？

是的，戴手串了。前不久去峨眉，虽然只在山上停留了半日，但也算有缘，山顶的一位僧人送了这手串。他说，这手串是僧人们自己在山顶找枯木制成的，与售卖的工艺品差别很大。

这手串，有淡淡的木香。隔远点，闻不到。凑近，才隐隐约约能闻到一些，正是我喜欢的适合自己一个人把玩的那种。

我戴的上一个手串，也是僧人送的。2009年，去四川什邡的罗汉寺，与住持素全相谈甚欢。临别，他进禅房取了两串水晶的手串赠与我和同行人。戴了一阵子，串珠子的绳子断了，珠子散了，也就不戴了。

这一次去峨眉，绕道德阳见了一个老友。昨天，他还在我的微信公众号里留言。找他问得已升座方丈的素全的新手机号。短信问候，他复：等死和尚，少有外出，静观一念，合掌数珠。谨遵佛制，安居学佛，关机守命，足不出户。

去过的大小庙宇道观数十座，无宗教信仰，所到之处从不跪拜，但心里都恭恭敬敬，有所敬畏。这些年，只在山东枣庄跪过一次，跪的不是神佛，是自家人。

那里，有褚氏祠堂。当时年幼，第一次进祠堂，当地年过六旬的族长又是亲陪，点好了高香递到跟前，不得不跪着给端坐上方的褚大上了一炷香。前年老家集资数百万建祠堂，我则公开明确表示了反对。

也有别的朋友送过手串。去年，有个朋友送了一串，据说也很有来头。但我不喜欢，一直闲置在抽屉里。

姑娘的失望，我理解。这几年不少人拿手串嘲笑我们这些中年男人。不过，到了我这个年纪，真的不在乎别人说什么了。不管谁说戴着手串的中年男人油腻，遇到自己喜欢的小物件，还是会戴上并大大方方露出来。

前几日生日，有弟子自北京捎来了一个玻璃杯。这弟子，知我好茶，故送来茶杯一个作为生日礼物。

微信里，她问我：知道保温杯的梗吗？我笑：嗯，知道啊。然后她笑着说：我可不是那意思，是让你养生。

自大学时代开始喝茶，就已经用上了双层保温玻璃杯。这十几年，偏好绿茶，一年四季都是绿茶。喝绿茶，要品味，当然还要观形，透明的玻璃杯是首选。

最初用玻璃杯，一年要摔五六个，稍不小心就碎了。这几年慢慢习惯了，端着杯子天南海北跑，也不再怎么会摔杯子了。

我的杯子里，泡过各种毛尖，各种龙井，还有猴魁、瓜片等形形色色的绿茶，唯独没有泡过枸杞。等到有一天自己觉得需要泡枸杞了，也会毫不犹豫地泡上的。

有熟识的同行偶尔开玩笑，说我端个杯子到处跑像个乡镇干部。乡镇干部，自然是土气多文气少，我也并不介意。喝茶是自己的爱好，端自己的茶杯喝自己的茶，是一种态度。

因为别人说三道四就放弃，或者觉得羞于见人，那绝对不是真爱。

总觉得，一个中年人活得怎么样，跟戴不戴手串没有半毛钱关系。人的猥琐，不分年龄性别；人性的善恶，全在心里。不戴手串的猥琐人，只怕远比戴手串的多。

楼下，桂花开了。隔壁楼前的几株大树，七八米高，满树黄色小花。起初，我并不知道桂花开了。前天有同学来探视，说怎么屋子里有股桂花香，我才意识到，楼下的桂花开了。

今晨戴着手串、端着茶杯下楼去看，果然满树的花。人到中年，爱花草仍甚过珠宝玉石。忍不住，在低矮处折了几枝回屋插在酒瓶里。（求大家放过，以后尽量不折院里的花草。）

2017年9月10日

我没有抑郁的理由

昨晚，在微信群里和读者们做了一些简单的交流。有人问，如何缓解压力。

大概是因为这些年写了太多丑闻，不时有各种人这么问我：见了这么多黑暗的事情，您的内心是不是积聚了很多负能量？前年，还有一位老师问我需不需要心理救济。

做媒体，当然有压力，但真的没有那么大压力。压力大，多数是因为自我期待太高，给自己附加了太多职业外的考虑，然后就焦虑抑郁。我胸无大志，总告诉自己日拱一卒就不错，做点自己力所能及的事情。我们可以控制自己努力的程度，却掌握不了事情发展的结果。凡事，尽力了就好，不要勉强自己。

再说了，那些丑闻的主角，不是我的亲朋好友，不是我的同事同行，不是我的邻居街坊，也不是我的发小伙伴，他们是这个社会走向光明前途时的公敌或者障碍，他们的毁灭与堕落不会影响一个向往光明前途的人活下去的勇气与信心。

一个内心积极的人，看到公权力指鹿为马不会沮丧，只有公权力指鹿为马却没有人站出来说不才会消极落寞；一个心怀光明的人，看到维护自身或他人合法权利的公民蒙冤入狱时当然会有些灰心，但当蒙冤者蒙冤时没有人主持正义、大家都死一般静寂才会真正摧毁他心中的光明……

外界的腐败与堕落不该影响我们这些人勇敢活下去。总有人不同流合污，总有人拒绝助纣为虐，总有人不愿意颠倒是非，这些才是我们正常人在世道不堪时活下去的希望与信心。当有人试图将法律玩弄于股掌时，法律从业者中还有人在试图抵抗、维护法律的尊严，这就是正能量；当真相被掩盖时，或者努力接近真相的文字不被允许公布时，还有文字工作者在努力撰写呈现真相的文章，这就是正能量。

这些，才是真正的正能量。真正的正能量，不需要满世界都是、随处可遇才能鼓舞人，真正的正能量往往于细微处发力，点滴大小即可让人内心充满热情与希望。

这几年，风声鹤唳，目睹了那么多不堪的事情，甚至还亲历过一些，暂时没有抑郁，真的是因为身边还有人在努力。这些努力的人，才是真正影响我情绪的人。而这样的人和这样的正能量确实还存在，还不止一个两个。

有这些正能量时不时鼓励着，我辈岂有抑郁的道理？

作为一个写字的人，去写自己的所见所闻所感，这是职责，这是义务。能履职尽责，不仅不会抑郁，还会生出一些尽心尽力履职的满足感来。多写，不会抑郁，不能写才可能抑郁。不能言说，那才是言说者的痛点。而如今，技术发展，总会有那么几个地方能写出几个字来。

进京后，去看了齐白石的画展，我很喜欢。山水里，必须有人，哪怕是远山一个小牧童，哪怕是茅屋窗里一个书生，都能点睛。山水里没有人，山水失色，人太多，山水又被糟蹋。

前几日，购置齐了锅碗瓢盆，已经下厨做过几顿饭。慢慢地，真的有点安顿下来重新开始的意思了。昨日，又带回几盆花草，两盆含苞待放的茉莉，一盆薄荷，两盆绿萝。

　　日子很难，但我们其实可以让她尽量风情一点，让自己活得不那么糙。

江湖已变了模样

那段日子,平静如水。此后数年,似乎再也没有那么平静过。

晴天的时候,阳光洒满阳台。冬天,阳台上种的菜只剩下几棵大白菜和一株残疾的西红柿。

这株独苗西红柿的残疾,是大风造成的。那年10月的一天,大风刮断了枝条,只剩下一点皮还连在一起。我找来一根尼龙绳,将枝条固定在铁栏杆上。不想,独苗身残志坚,生命力旺盛,活了下来。冬天里,还开了花结了果。

这大概是我有生以来,第一次在冬天看到露天生长的西红柿。有一日下雪,雪花覆盖了果子。这一幕,也是我从小到大不曾见过的,因此满心欢喜。

2012年夏天,离开生活了5年多的北京,回到武汉。冬天,开始种菜。幼年在农村,帮父母种过各类瓜果蔬菜,辣椒、茄子、西红柿、西瓜,是种得最多的。在城市生活的这些年,一直想有一块菜地。

第一茬,种了红菜薹。红菜薹,属于老家乡下家家户户都会种一点的家常菜。过去种菜,到了什么季节就种什么,叫作应季种菜。比如,初冬种红菜薹、豌豆、大蒜,夏天种西红柿、黄瓜。小时候,冬天绝对看不到西红柿、黄瓜。而如今，到处都是反季节蔬菜，吃起来没有了味道。

那年冬天有雪，窗外雪花飞舞，红菜薹在卧室的窗台上绽放。有几日睁开眼，就能看到黄色的花朵在窗前。

把蔬菜种成了盆景！惊喜。

2013年春天，播种了西红柿。我，最爱西红柿。爱西红柿，其实是爱吃。不过，西红柿生吃最合我意。酸酸甜甜，清爽。炒食，软塌塌，黏黏糊糊，不符合我对蔬菜瓜果的口感要求。

那年春节刚过没多久，就播了种。其实，四五月播种才好，2月底还早了些，气温太低，种子发芽很慢。可见，我是多么心急。看到第一粒种子发芽，高兴坏了，各种角度拍照，微博微信的到处发。

陆陆续续，都发芽了。最初，是两片叶子，嫩生生的，过几日，长出了第三片。种西红柿最省心的，是不怕虫。西红柿苗，天然有一股强烈的刺激性气味，可以驱虫，所以基本不用担心虫害。

幼苗长到30厘米高的时候，挖出一株株幼苗，重新按照60厘米左右的间距种下。这个过程，叫移苗。长到四五十厘米高，需要搭架。细竹竿，距离菜苗10厘米左右插入泥土，然后用细绳将苗绑在竹竿上。2014年夏天，种的西红柿也算丰收，一株苗上可结果30多枚。若不固定在竹竿上，菜苗根本支撑不了那么多的果实。

固定了苗，就看着它们长。长出花蕾，开出第一朵黄色小花，半个月左右花蕾下会有绿色的小果子，顶着花慢慢长大。

2013年，第一次种西红柿，种在室内，通风和光照都不佳，结的果子不多。小时候在农村长大，虽然帮父母种过菜、卖过菜，那都是打打下手。自己播种侍弄菜，还真是第一次。2014年，有了经验，在阳台上铺土，光照充分，大丰收。只不过，楼层太高，风很大，几乎每日需要浇水。有时候出差数日，回到家里菜苗常常干枯过半。紧急浇水，第二日又活过来。这样折腾，对西红柿的品质总归有一些影响。

秋天的时候，果子太多，有些没有采摘，烂在了地里。有一日，发现烂在地里的果子处生出新苗，瘦瘦弱弱的。没怎么管，照常浇水，结果活了下来。后来又经历了大风刮断枝条的波折，还是继续长，冬天里开花结果。2月初，我还摘了几枚成熟的果子，酸甜可口，是儿时的味道。

其间，还陆陆续续种过大白菜、小白菜。北方人，把小白菜叫油菜，这也是我在北京生活时总无法习惯的一点。油菜，在湖北老家是榨油用的，不是菜。

2014年夏天，还种了几株黄瓜。因为浇水不及时，长势不算太好，像模像样的一共只长了十几根。

那时候，不出差就这么过着平淡的日子，种菜、写专栏、读几页闲书、喝茶。当然，还偶尔在这里与大家见面闲聊几句。

时间过得真快，一晃四五年过去了。那种平静的日子，渐行渐远。如今，我再次进京，而那昔日熟悉的江湖，已变了模样。

2018年8月12日

第二章

我,其实还想进步

新闻的作用

又有记者因"报道"上市公司被抓了。这个记者,是广东新快报的陈永洲。

2010年,发生过两起类似的事情。当年8月,千龙网记者阿良发表针对一家私营企业的批评报道,休假期间遭山东莱阳警方追踪调查。更早一些,经济观察报记者仇子明,也因发表了一些不利于一企业的新闻报道,引起警方的通缉。

当时不少舆论认为,记者可能被资本当枪使了。一旦一个记者被人议论说"被人当枪使了",似乎是一件很丢人的事情。不过在我看来,媒体本身就是一把枪,但正常情形下,扳机应该掌握在媒体自己手里。

财经记者的特殊处境

今日社会,资本大佬们寻枪的冲动,表现得很明显。最近几年接二连三出现某品牌商品有毒含毒的新闻,可是这些商品被送去检验又发现无毒。受害商家甚至含泪哭诉,说是同行恶意竞争利用媒体发布不实消息。

2004年，曾亲历类似案例。当时有媒体接到举报，河南上蔡县一个名为"豫花"的面粉品牌，增白粉超标。该媒体随后的报道中，将国家标准0.06克/千克错报为0.006克/千克，错误得出了该品牌面粉增白粉超标14倍的结论。可是，国家粮油质量监督检验中心随后判定"豫花"牌面粉相关添加剂含量完全符合国家标准。

我曾参与此事调查，事后证实，此毒面粉风波源于销售市场上两个不同品牌之间竞争，其中一品牌举报了"豫花"，而记者在报道中将国家标准弄错，导致"豫花"牌遭受重创。这位记者将国家标准弄错，究竟是有意还是无意，至今不得而知。但其被商家当枪使攻击竞争对手，是不争的事实。

中国的财经记者，存活的职业环境可能差不多。最早，在市场经济并不发达的时候，媒体并不屑于报道企业，尤其是一些民营企业。表扬民营企业的稿件，并不都能轻易刊登。而民营企业但凡有点成绩，又很希望请一大群记者帮忙发个稿子，造点声势、弄点动静，让企业有更大的知名度。

于是，发红包、送车马费给相关的财经记者和该记者的主管，渐渐成了企业界的惯例。到了现在，拿钱发稿在部分财经记者的职业生涯里已成了顺理成章并司空见惯的事情。

拿红包发表扬稿成为常态的时候，也是市场经济越来越活跃的时候，大企业出现，上市公司出现了，企业竞争越来越激烈。一些企业，不再满足于花钱请记者夸自己，也开始花钱买枪手去攻击有竞争关系的对手。

部分拿惯了红包的财经记者，视野里自然已经有了一批关系亲疏的企业。这些企业里，有的是谋财害命，靠坑害消费者牟利；有的是红包太少，不能让记者满意；有的是企业越做越大，对一些市场影响较小的媒体记者有点爱理不理。种种原因，让一部分企业越来越不讨媒体喜欢。

这个时候，一个财经记者，可能出于正义的目的也可能出于私欲，会去表扬一些企业而去批评另一些同领域的企业。市场经济越活跃，媒体与企业之间的利益关系就越复杂，也越暧昧。

长期在上述环境里从业，相当一部分记者尤其是报道财经领域的记者很难自证清白。一旦企业之间的矛盾激化，甚至升级为刑事案件，收钱当枪者不免会成为企业斗争的牺牲品。最近几年，接连发生的财经圈记者被抓或差点被抓事件，就是明证。

伸了手很难不被捉

拿钱当枪，稍有不慎，就可能被捉，这让一部分媒体人士害怕成为枪，更愿意拿钱写表扬稿。怕，有怕的道理。除去自身存在的巨大风险，如果事情没弄明白而胡乱放枪伤及了无辜，那也大大的不该。

媒体是公器，不是任何一个利益方的帮手。记者的天职，是发掘真相、还原真相，而不是帮助某个利益集团隐瞒真相或者利用捏造的证据去搞垮竞争对手。作为公器，媒体还理应担负打抱不平的责任，替被冤枉、被恶意攻击者提供力所能及的帮助，正本清源。

我一直有一个担忧，那就是所谓的媒体竞争会被不良资本所利用，个别为资本所惑的媒体沦为真正的枪手。

所有媒体都不能回避这样一个现实：媒体之间的竞争是非常激烈的，以致常常出现甲媒体报道了某事之后，乙媒体会迅速出来刊发完全相反的报道，闹得凶的甚至相互攻讦。

在媒体市场化的大环境下，同地、同质媒体的竞争更加激烈。这种竞争，常常会导致媒体之间除了抢独家、抢首发以外，有时不免会彼此拆台。

一旦企业之间发生冲突，都会各自寻找公关公司自保或进攻对手。这些熟悉媒体圈的公关公司，手里握着大把公关费，必然全力去寻找可以利用的媒体当枪手，有的靠花钱，有的靠提供对竞争对手不利的猛料，让一些媒体发布一些半真半假、有利于自己而攻击竞争对手的信息。

这种情况下，媒体应更加严格遵守职业操守去深入调查和发掘，并客观公正报道，加倍提防当事企业隐瞒真相误导媒体伤及与其有竞争关系的媒体。

面对资本的诱惑，确实有相当多的媒体人缺乏抵抗力。上面这些话，自然不适合那些冲着钱进入媒体行业的从业者。需要提醒的是，收钱恶意发假新闻，任何时候都是有巨大风险的，被捕入狱、江湖名声败坏、被同行唾弃，都可能让这类人或这类媒体在这个行业再无立足之地。

这是一个技术时代，技术很强大，也很可怕，个人几无隐私。法官嫖娼都能被人拍下，记者收黑钱同样很难不留下痕迹。面对一个上市公司，一个记者的力量是弱小的。一旦利益冲突，资本就可能动用一切手段对付媒体，伸了手拿了钱的记者，很难全身而退。

法律面前，各行业当然平等，不管是媒体还是公职人员，收黑钱干脏活，都应该承担相应的责任。但该由哪个机关通过何种方式追责，应符合相应的法律程序。当下，地方的公安、检察院、纪委，都有可能出手收拾那些曾侵犯过他们的媒体和记者。公报私仇的事情，不是没有发生过。

在今天，资本时刻不忘寻找新闻枪手，或向竞争对手开枪，或向消费者发射烟幕弹。媒体如何避免成为不良资本的枪，如何利用不良资本之间的竞争转身向不良资本射击，值得继续探讨。

媒体人应有的"枪手观"

在一些记者因为当枪不慎而被非议甚至抓捕时，难免会有一些媒体人担心自己也会成为一把枪。

在我看来，记者不仅不必担心被当枪使，还应该勇于去当一把称职的枪、不会被金钱收买的枪。比如，甲乙双方中有一方指证另一方提供的产品危及了公共安全，如果属实、证据确凿，即便甲方的用意就是要搞垮乙方，也应该勇敢地去当这把枪。

在两个企业的利益面前，公共安全这类公共利益无疑更为重要，记者如实报道、不夸大歪曲就是了。所以，若有益于公共利益和民众安全，利用资本之间的矛盾揭露某些不良资本的罪恶，这种枪，当当也无妨。不仅要当，还要快、准、狠地扣动扳机，开火。

这一点，应该适用于所有领域的媒体从业者。比如一个时政记者，就应该盼着每天有某地的市长想升职而找他举报书记，或者书记想把市长弄下去找他爆料。怕什么呢？这不是很好吗？官场内幕，没人爆料还真的很难深入进去。

不过，各位，大家要清楚，作为一个职业记者，可不是别人说什么就写什么。不管是书记举报市长还是市长举报书记，都必须有可靠、可信的证据，不能信口胡说。即便提供了证据，我们还得去进一步核实调查。

当然，当一把"好枪"除了要恪守职业道德外，还有其他的分寸需要把握。比如举报者若要求不透露其身份，媒体就得认真保密，绝不透露谁爆的料。但是，他提供的信息一定要去调查核实。这，才是媒体人应有的"枪手观"。

我们关注媒体应如何更职业化、如何自律的同时，也要警惕公权与资本联手利用个别媒体的失范行为限制常态下应有的舆论监督。舆论监督，不能因个别粗心大意犯错的媒体或个别贪财主观故意发布假消息的媒体人而受到限制，反倒应在更大范围内实施更有力的舆论监督，让不良资本与滥用公权者受到更多的监督，这个社会的暗角才会少一些。

我,其实还想进步

这是2011年8月左右应《新京报传媒研究》之约写的一篇回忆文章。

按照新京报核心报道的写稿规范,必须在正文开始前写两点声明,作为"核心提示":第一,咱其实应该算新京报资格最老的员工之一。第二,离开了,也有悲伤,但为新闻而来为新闻而去。

聚与散

2011年8月22日晚的饭局,是一场必须喝醉的饭局。

10元一瓶的二锅头,两瓶,对一起从新京报深度报道部辞职的钱昊平和我而言,足够了。有些离去,需要庆祝;有些分别,难免悲伤。酒,有时候很能说明问题。

被送回酒店的路上,吐过数次后开始清醒的我,赖在马路边躺了一小会儿。在微博上,有小朋友跟我开玩笑说,睡在马路上居然没有被捡走,提醒我注意卖相。我是个枯燥乏味的人,喜欢这样的小玩笑。

2005年的一个深夜,还在武汉的时候,当时也是有辞职的念头。

第二章 我，其实还想进步

一个人坐在办公室里，写了区区不到500字的辞职信，泪流满面。

这一次，没有落泪。不管是有泪还是无泪，很多过往都注定要在某个夜晚被想起，很多人注定都要被回忆，很多缘分注定要被记住。

这几天，相继听说几拨同行去了美国，为"9·11"10周年报道做准备。10年前的9月11日，我在一家叫生活时报的报纸实习。晚上，光着上身躺在白纸坊的一个地下室里。正昏昏欲睡时，一个实习晚归的同学带来了一个消息：美国遇袭了。

几个月后，在武汉参加武汉晨报的入职考试，最后一题是讲述自己何时何地听说"9·11"事件，如何看待此事。后来，考试没通过的我，还是设法留在了武汉晨报。两年后，生活时报改名叫了新京报。后来在新京报社的新楼里，我见到了原生活时报编辑部主任郭红梅。

生活时报解散后，留在新京报做新闻的人不多。郭老师，如今已是报社的资深编辑。2010年冬天，报社高层请资深记者和编辑吃饭，有幸第一次与郭老师同桌吃饭。她，话语不多，静谧温和。

五六月的一天，在微博上获知，工作一直兢兢业业的郭老师在会议室里开会时晕倒了。

2006年夏天的样子，曾同在武汉晨报教卫新闻部工作的同事杨万国辞职了。他，去了新京报。在他的引荐下，我见到了时任深度报道部主任刘炳路。如今，万国已是新京报的首席记者。

那年秋末冬初，到北京参加一个会议，顺便到新京报见了炳路，算是首轮面试。在永安路106号老楼里面谈时，炳路告诉我，武汉晨报的另一个同事吕宗恕，刚刚面试完离开北京。

辞职，大多都是不顺利的。2007年3月，辞职才办完。赴京后，新京报已经搬到了幸福大街，见了当时分管深度报道部的副总编孙献涛。

第一次见炳路，我还带着自己的学位证和毕业证。3月赴京入职时，这些证件怎么都找不到。在孙总的办公室，我忐忑地主动说起自己学位证和毕业证遗失的事。他笑呵呵地说，没事。没有这些证件的我，顺利入职。

就这样，杨万国、吕宗恕和我，又聚到了同一家报社。

有近两年的时间，我们一起租住在北京西客站附近的三路居。很多日子，我们三个挤在厨房里一起做饭，然后在一张桌上喝酒吃饭，饭后挤在一个沙发里喝茶聊天。后来他们的女朋友先后到了北京，屋子里的人越来越多，万国和我相继搬离了三路居。

那是一个值得怀念的院子，陈旧但安静整洁，院子里的人和善友好。

2009年，宗恕辞职离开新京报入职南方周末。如今，我也成为南方周末的一员，再次与他成为同事。

回想起来，我有时候表现得像个薄情的人，离开一个自己曾深爱的地方而一直没有太过悲伤。有些天，为此耿耿于怀。那个醉酒躺在马路上的夜晚，我突然明白，这并不是一次真正的离开。我，仍在做新闻，只是换了一个地方。

因新闻而来，为新闻而去。这一点，很重要。

病痛与气质

在新京报4年多，身上发生了很多变化。腰椎间盘突出，是在新京报工作期间发病的，也是这4年多里最困扰我的一个问题。

2007年的夏天，去广东阳江采访一个涉黑案。下午的样子，步出阳江市委大院的时候，突然感到右腿麻痹。蹲了一会儿，不见好转，强忍着不适感一瘸一拐回到了宾馆。

自此，右臀部和右腿经常会折磨我。稍微步行10分钟或站立10分钟，都会疼痛难忍。这以后，我也很少在公汽或地铁上给人让座，出门基本坐车不步行。

最痛苦的一次，是2010年6月在中央党校门口采访。当时中纪委培训400名地级和副省级城市的纪委书记，培训期间学员被禁止在校内会客，采访对象不得不在校外见我。附近较为荒凉，我约他去附近一家酒店的房间，他不愿意，只好站在马路边聊。那次采访站着持续了45分钟左右，疼得满头大汗。

2008年的冬天，在武汉市中医院曾治疗过一阵。每个星期，进行两次针灸、拔火罐等治疗。当时，病房里都是老头儿老太太，30岁左右的只有我。略有好转后，得意忘形的我有一天试图用一只手举起7岁的侄儿，结果复发。

此后，很长时间我拒绝去医院。采访尽量坐着，尽量不搬重物，尽量不爬山，也基本没有运动。

2010年，在积水潭医院，一位叫刘亚军的大夫，让我吃了两个半月的药后使我摆脱了疼痛。可是那个冬天，去偏远的四川道孚县采访草原大火，低温、长途客车长途奔袭，再次复发。后来又吃药，才再次好转。

4年多来，这个病一直伴随着我，直到最近才略有好转。有一点很自豪，一个只能步行或站立10分钟的半残疾人，从来没有因为疾病拒绝过任何一次采访任务。

2009年，被推荐为南方报业年度记者，一位前同事曾为我的工作形象做过素描：挺着大肚子，夹一个公文包，端着一个茶杯。有人曾笑称，我身上有乡村干部的气质。

这种乡村干部的气质，确实帮了我很多忙。在很多新闻现场，你不需要看起来像一个记者。

这种例子，在新京报4年多里不胜枚举。第一次，是河北邯郸农业银行金库被盗案。赶到现场时，银行已经严密封锁。我把背包存在了附近一个电话亭，夹着小公文包、端着茶杯连闯了几道封锁线，进入了银行大楼内部。

这一次采访的成功突破，让我提前一个月正式成为新京报深度报道部的记者。

在新京报的最后两次采访，都曾故技重施。

2011年6月，我去某县采访。住到宾馆时，看到有一个会议通知，与采访主题相关。决定去听听。端着杯子、拎着包我坐到了最后一排。可能是我的装扮太像他们眼中的领导了，负责会场的工作人员非要我往前坐，没办法，只好坐到了前排。结果，该座位是对号入座，不一会儿真干部来了，我只好灰溜溜地回到后排。

会上，县委书记讲到如何看待违规问题时说，"交警在路口，你闯，一点面子不给，肯定卡你。你要趁他不注意，冲过去"。

2011年7月，去山东枣庄采访矿难发生后意外死亡的3名救援队员。这是我在新京报的最后一个采访。那天在医院，我拎着包、挺着肚子跟随一帮慰问伤员的官员，从6名警察和经警的眼前大大方方地进入了对记者"严防死守"的重症监护室。

与第一次不同，这一次我换了一个包，不再是夹在腋下的那种小公文包，而是四方规矩的黑色皮质手提公文包。

这种变化，自然还会引来一些善意的玩笑，自谑是最好的应对办法。我于是承认，4年多，新京报终于把一个乡村干部培养得有了县处级干部的气质了。

我，其实还想进步。

写读者爱看的还是写读者该看的？

不知不觉，到南方周末做时政新闻已经快 4 年了。这 4 年，对如何做真正意义上的时政新闻有诸多困惑，实践中也常有凄冷孤寂之感。

最近，写了两篇报道，一篇是说空缺大量官员的山西如何选官，一篇是说一群湖南官员遭遇性敲诈。两文的社会价值高下立判，但实际遭遇与其价值大不相符。两文的价值与遭遇之严重不对等，或许是老话题，但老话题不时要摆在我这类还赖在一线做采访的老记者面前，让人生出诸多感慨。而两文背后的一些故事，个人以为也值得与诸君分享。

没审稿

4 月，在山西待了 24 天，写了三篇文章。其中两篇，一是写山西如何补官，一是写腐败重灾区吕梁官场如何"灾后"重建。

两文，采访到且可公开身份姓名的官员，有多名厅处级主要领导。此外，还有大量山西省市县三级组织部的官员和一些无法公开姓名职务的地方官员。

采访中，近半官员几乎是知无不言、言无不尽，对山西官场的腐败过往和对未来的迷茫毫不隐瞒和掩饰。这种坦率的态度，在时政新闻的采访中很少遇到。

上述官员中，有人直接告诉我，如果不是山西省委书记大力支持我的此次采访，他不会见我，更不会接受我的采访。确实，这两篇文章，采访中都得到了山西省委书记的支持。正如上述官员说的，没有省委书记的支持，不可能采访到这么多身居要职的山西官员，即便侥幸采访到了一两位，也不可能说那么多、那么透。

2015年"两会"期间，山西代表团内，官员代表们对山西境外的记者大多三缄其口。有一天，因为我在会场给王儒林递交了一份简单的书面采访提纲，山西省人大官员到全国人大新闻局投诉我，说我堵截省委书记采访。此事，经全国人大反馈到编辑部。最后，此事经省委书记和山西省委常委、宣传部长介入调解，山西省人大才以"一场误会"去全国人大撤了投诉。

事实上，往年记者们拉扯堵截省部级官员采访，在"两会"期间是常见的采访方式，而山西省人大的宣传官员居然以"堵截省委书记采访"为由到全国人大投诉，他们对媒体的戒备可见一斑。

4月份在山西的采访，得到山西省委书记的支持，因此显得十分难得。自然，山西有山西的考虑，媒体也有媒体的本分和责任。意外的是，王儒林对采访给予了大力的支持，却没有对采访提任何要求，没有设禁区。因为省委书记的支持，山西省委组织部甚至提供了多份内部文件给我。从业多年，这种情况并不多见。

最难得的是，支持此次采访报道的省委书记，自始至终没有提出审稿的要求。采访中，山西省委有关部门几名负责协调采访和受访的官员曾相继提出要审稿，被我婉拒。我当时的考虑是，既然接受采访者基本是因为省委书记的直接支持才接受采访，那么这些应要求才配合而不是自发主动接受采访的官员，无权要求审稿。

第二章 我，其实还想进步

截稿日前，山西省委一名处级官员又提出审稿，我再次婉拒。当时，我对他说：王书记这么支持采访，但没有提任何要求，也没有提审稿，这是一种胸怀与气度。你，何必去破坏领导的这种气度呢？再说，如果你们下面的人提出审稿，审了对稿件不满意，而我和报社又不能按照你们的意思修改，这不是给你我平添麻烦吗？该处长此后再没有提审稿的事情。

稿件见报前一日，山西省委常委、宣传部长约见了我。谈了近一个小时，也没有提审稿的要求，只是嘱咐成稿时注意把握两点：说清楚山西空缺300多名省管干部的具体情况（空缺311名，只有34个是因为反腐被抓导致空缺），山西绝大多数干部是好的。此外，安排人提供了数本山西文化、历史方面的书，嘱咐我更多地了解了解山西的历史和文化，将来还可以多写写山西。

组织人事问题，在中国官场向来高度敏感。山西高层此次这种开放、开明、坦诚的态度，近年来在官场罕见、难得。

"补官"不如"桃花劫"火

此次对山西的报道，涉及很多选拔干部顽疾和新做法。

山西官场经历了塌方式腐败，报道中免不了写写过去地方官场腐败的细节和严重程度；新做法中，也不乏打破过去官场人事潜规则的亮点。比如选拔县委书记时，纪委书记要对初步入围者进行廉政谈话，结果大半官员主动放弃参选；比如县委书记的人选，不再局限在县长中；比如全程都必须差额并署名推荐。这对我们了解中国现实官场和政治，都颇有意义。

文章见报后，引起了较大的关注。尤其是在官场，引起的反响很大，得到了很多很高的评价。一些媒体同行，也给予了较高的评价。但是，山西报道获得的关注，远远不及一个月后我写的另一篇"三俗"的报道。

严肃的时政报道,远不及这则有些"三俗"的报道的传播率高。这,让我这个时政记者颇为感慨,也很沮丧。一位前不久辞职去做了律师的前同事安慰我说:偶尔写读者喜欢看的,多写读者应该看的。他的话,确实再次把一个老问题摆在我面前:我们究竟是要写读者爱看的东西,还是该写我们觉得他们该看的东西?

某省委宣传部一位副部长给我微信留言说:山西文,社会价值大于某某文,但湖南文高度受关注。两文的处境,正是市场主义与新闻专业主义在当下的真实境况写照。

这些讨论新闻专业的话题,远离我们很久了。喧嚣中,记者如何转行赚钱、所谓的新媒体优势,往往是还留在传统媒体中的从业者们最热门的话题。不知道新闻业里还有多少我这样的"老朽",还在在意该写什么不该写什么,还在因为一篇严肃的时政报道"不敌"一篇"三俗"消息而沮丧。

是不是已经走得太远,疲累的我们忘记了为何出发?

2015年6月5日

(此文发表于《南方传媒研究》第54期)

做时政，不从政

最近几年做时政新闻，笔下常有各级各路官员，或许是因为这个缘故，让一些关注我的人心生疑虑：一个天天写官的人怎么不"做官"？还有各种人隐晦或者赤裸裸地问：为什么干了这么多年新闻，你还在一线做记者？

在绝大多数中国人的心里，只要是跟公家性质沾点边的工作，所谓的成功就是要当官。在公务员体系的，就是要当行政级别更高的官。即便在报社这种以业务论英雄的地方，很多人也觉得成功就是要当个"新闻官"。所以，对于我这种干了 15 年新闻至今还在一线写作的记者，很多人心里估计在"呵呵"。

2015 年，为约访一名时任的省会市委书记与该市外宣办主任见过几面。见第一面时，他就称呼我为"褚老师"。他比我年长许多，所以真不太敢当"老师"的称呼。不料，人家很懂我们这一行，笑着跟其他在场的官场人士解释：媒体圈，没有职务的就喊老师。

确实，在这一行里，久在一线已经混了个脸熟而无一个职务，大家为了照顾你的面子一般都会尊称你一声老师。

话题，回到为什么还在一线吧。关注我的人，估计还记得这几年我陆续在各类大学讲座及小范围交流时回答提问说的：如果身体允许，我希望在一线干到45岁。原因很简单：人到中年，阅历较为丰富，对社会的认知逐渐成熟，能更准确地把握中国社会的问题。所以，我希望自己能坚持在一线多干几年。

可能会有人觉得，我是因为没有当过官，所以不知道当官的好处，才有这样的姿态。有一段时间，相继与几个地级市的市委书记面谈，其中有两位有一个类似的说法：一个人是否能经得住诱惑，要等他手里有巨大的权力时才能看出来。

其实，我也算做过"官"的。2005年，当时26岁的我在武汉一家报社工作，当时"官方身份"是一个新闻部门的主任助理，在报纸上，印刷出来的身份是"发稿人褚朝新"，手下分管七八个记者，还管着两个版面，负责审稿发稿，偶尔带记者出门做一些采访，协调分管记者们的工作。

这样的日子过了两年，很厌倦。干得没意思时，指定好版面头条稿后，就去打麻将，剩下的事情由版面责任编辑和美编搞定。当时，报社每天至少要开两个会，上午一个采前会下午一个编前会，每周还有各种其他乱七八糟的会。

有一天，我甚至直接跟分管的副总编辑说：以后，不要安排我开会了，我希望有更多精力做业务。当时发自内心地觉得，自己费大量的精力在做一些琐碎的、没有价值的事。而我一直认为，自己是个对做新闻有点兴趣的人，应该认真去做新闻。

2007年，觉得在那家报社做新闻的空间越来越小，辞职去了新京报。现在回头来看，生性散漫的我也不适合做管理。2011年，从新京报辞职到了现在这家报社，也不是为了弄个什么职务去的。

其实，媒体里的官哪里又算个官呢？我相信那些在媒体"做了官"的人心里清楚，他们得到了什么又失去了什么。

就个人的感受而言，最近几年是我人生最惬意的几年：几乎不用看什么人的脸色过活，出门不管遇到多大的官，可以随性问点自己感兴趣的问题,写点自己感兴趣的文字,虽然有些想写的文字写不了或者写出来无处发表,但绝对没有人逼我写我不想写的文字。这种自由,在我看来难能可贵。工作之余,喝喝茶、种种菜、写写专栏、读读书、玩玩微信、做做菜,基本不与企业家来往,基本不介入经济纠纷,不去费心思想怎么赚钱。真的,我觉得自己活得很封闭,但还算相对自由和有尊严。

2016年,曾动过念头去官场体验一下。也有官场人士建议或者愿意提供帮助,让我去挂职。有位愿意提供帮助的副部级官员说:小褚,你天天写官场,但从没在官场待过。在我看来,很多文章很幼稚。我并不完全认同她的这句话,但真的想过进去感受一下。几经权衡,最终放弃了。

自然,收入不高,日子过得比较清贫,但对我这种小时候吃不饱饭的人来说,衣食住无忧,已是极大满足。最让我感动的,是经常会有朋友各种鼓励。一个师兄,知我爱喝茶,每年会寄来新茶并嘱咐:好好写文章做新闻,你的茶叶我包了,而且肯定是好茶。

最近几年,陆续有一些机会可以让我转型去做管理,都一一婉拒。诸位,就这样吧,让我再任性散漫几年。等有一天确实跑不动了,再来谈别的。

人在江湖，冷暖自知

2015年，常处在一种这样的状态里：有同行来访，一起喝茶喝酒时会被告知一些业内的最新动态。有些事情已经发生数月了，我却浑然不知。

远离江湖，偏居江城，消息难免闭塞。不与陌生人交往，不在哪个圈子里厮混，很多业内的掌故后知后觉，却似乎并不影响过自己的日子。有兴趣的官场故事，会去现场查访探究，写完回家，下厨、喝茶、读书，写点散淡文章。

过去，还经常和三五好友打打小麻将。遗憾的是，最近一年多他们都忙，我也常出差，人很难凑齐，常常三缺一。

日子，不咸不淡，但还算自在，我称之为"笼子里的自由"。即便如此，这样的日子也已经十分难得。

有时候，也偶有几点波澜。这一年，各种唱衰媒体的声音不断，难免会被人问及。唱衰的，有些是离开这个行业的老人，也有刚进来没扑腾几天的新人，还有一些是根本搞不清中国当下媒体究竟是什么样的业外人士。

不知道有没有人想过，那些过去获得荣耀的媒体人何以荣光？

是他们格外勇敢吗？是他们格外智慧吗？昔日的那些荣光，也不过是官家手掌心里的一抹亮色。如今，这个手掌翻覆几下，云雨交织，风云变幻，不再允许这种荣光的存在，不给这个群体这点亮色。对媒体人而言，这固然可悲、可气、可恼、可恨，但好像也没什么可以被人鄙视的。

干新闻这一行，快14年了，乏善可陈，故不敢托大，只能说干了有些年头，混了个脸熟。如今，成了这个行业的留守者。

作为留守者，理解有些离开的人。最近几年离开新闻业的人里，不少当初也都心有情怀、文字漂亮、品行高洁、性格温婉，在媒体江湖里也都有过骄人的战绩。只是，三十年河东三十年河西，世事变幻，他们的存在已经被当成一种威胁。他们离开，不是因为他们不够勇敢不够智慧，反倒很可能是因为他们更勇敢更智慧。只不过，他们面对的人更野蛮更无理。

他们中很多人尽力了，功成身退，离去的身影值得我们注目远送。如今，他们不在江湖，江湖却还有他们的传说。不管他们因何种原因离去，都是媒体界的损失，但不管这些人去了哪里，都是社会的财富与希望。

还有一些离开新闻业的人，干了几年还没留下什么痕迹，局势就不好了，转身就撤。这种离开，就是溃逃。

还有一些离开新闻业的人，从业多年，也还算留下了一些好的文字，但因得不到部门主任的位置不高兴，得不到副总编的位置不高兴，得不到总编的位置不高兴。他们的离开，纯粹是因为个人利益的追求没有实现，与媒体人的自由与担当没有多少关系。但是，离开后常常一副大义灭亲、心怀天下的样子，要回头嘲讽几句。

还有一些离开者，当初入行就是冲着发财来的。这些年，新闻界的敲诈勒索大多都是这些怀揣着"发财梦"的人干出来的。

这些人的"官财梦"实现或者破灭了，然后离去，不管他们的离去是主动还是被动，都是媒体界净化的好消息。如今，还有很多这样的人埋伏在这个行业里，蠢蠢欲动。

作为留守者，不接受溃逃者和"官财梦"之流的嘲讽。

最近，有些被伤害了自尊或者戳中某个痛处的宵小，对我做出了截然不同的两种评价：一种说我天天批评官员，一种说我为权力背书，还借机泼点脏水。

被自己看不上的人表扬，不会太爽。被自己看不上的人评头论足，则像不小心吞了一只苍蝇一样恶心难受。

稍微有点脑子的人，会注意到一个正经记者身上表现出的这两种情况是多么正常。作为一个职业媒体人，在自己的价值观里权衡判断一些他遇到的事情，有的事情他觉得该赞就赞了，有些事情他觉得该骂就骂了。于是，经常监督批评，偶尔也有看起来似乎很正面的文字，这本身多么正常啊。有些人，眼不瞎心瞎。

不会为了刻意迎合官家的认可昧着良心说假话，也不会为了所谓的点击率和吸引眼球而胡说八道、乱批评，这是职业媒体人的本分。这个本分做到了，不值得赞美；做不到，应该被批评。如果是能力有限，努力之后仍距离真相很远，那至多也就是个糊涂蛋，也好过那些昧着良心说假话的人。

当下的媒体环境，已经不值得拿出来说三道四了。忍受不了的，离开，这是自由。但是，这个行业的从业者不能因为环境的窘迫就都离开吧，总会有人留下，留下的人在这么窘迫的环境里怎么存在下去？自然，每个留下的媒体人有自己应对的方式，每个具体的媒体有其具体的生存策略。外界认可和不认可，这些人、这些媒体都会继续存在下去。

除了功成身退和溃败，如果这个行业还有留守者能三五成群组织在一起偶尔打一场哪怕小小的阻击，也该被鼓励。

2015年12月17日

江湖越老，胆子越小

最近，翻了翻近几年写的东西，发现了一个惊人的变化：2011年刚开始做时政新闻的时候，文章里到处都是真名实姓的地方官员。最近一两年，化名、匿名的越来越多了。

因为做时政新闻的缘故，不得不经常与一些地方官员打交道。最初，脑子里总记着一根红线：新闻稿，必须客观真实，文章的每一句话都要有来源且经得起推敲和检验。所以，总要把采访对象的身份姓名写得明明白白。

可是，干着干着，发现问题来了。有时候，采访的话题在地方官场有些敏感，有的涉及人事变动，有的涉及官场潜规则，有的涉及官场丑闻，地方官们难免有诸多顾忌而不愿多说。偶尔有几个开明友善的地方官愿意说几句，写不写清楚他们的身份就成了一个不是问题的问题。

或许有些读者不能理解，为什么不能写清楚他们的身份职务和姓名？

不在官场的人可能不知道，官场的氛围很奇怪，一个地方官对一个记者说真话，不仅不会被赞许，反倒可能会引起地方官场一片官骂和埋怨。很多时候，如果哪个地方官场出了一件事，多数地方官员抱的是"家丑不可外扬"的念头。如果哪个地方官对记者揭了家丑，一定会触犯当地官场的众怒。我作为一个外地人，写完拍拍屁股就走了，跟我说真话的官员可能会因为一句真话而被地方官场折腾很久或者彻底被边缘化。

这，不是危言耸听，现实中确实发生过这样的事情，还不止一件。这样的现实，逼着人有时候写文章就不得不吞吞吐吐、欲言又止，文内常常出现这样的一群面目模糊的人：中部省份一名县委书记，西部省份一名副部级官员，一名基层法院院长，一名地级市市委常委，一名县级市组织部长……

有一段时间，开玩笑把自己的这种状态形容为：江湖越老，胆子越小。其实，在媒体做久了，不仅胆子变小，脾气也越来越好。

前年，时任河南洛阳一副市长畏罪潜逃。各种传闻不断，有媒体甚至误报其妻儿已潜逃出国。我去公安局采访，当地派来一名宣传官员，我于是趁机做工作希望当地官方出面介绍一下情况也澄清一些事实，免得当地总是因为一些误传的消息上头条。此人不配合还说：我觉得上头条挺好啊，汪峰想上头条还上不了呢。我以为他开玩笑，也跟他笑着开玩笑：哈哈，你这个说法好，我能不能写进报道里？不料，对方叼着烟说：我觉得挺好的……

后面还有一句话，让人明显感觉是挑衅。在当地官方对副市长潜逃一言不发时，此人说因为这事当地每天上头条是个好事，还颇有挑衅的架势，我于是把他这句话写进了报道里。事后据当地朋友说，此人因这句话很火了一阵。

还有一年，去某省直机关采访，电话咨询了一名相熟的官员。他说在外开会，不在机关。可是，等我通过其他渠道进入该机关后，却发现他在。当时很生气，向他本人和他的上级发了一通火，觉得他不该撒谎。

这事如果放在现在，或许不会再生气了。初夏，去北方某省采访一个地级市市委书记,本来约好的,可赶到当地后,当地一名宣传官员拿来一份书面材料,说市委书记晚上要陪到该市调研的副省长,没时间接受面访,只好以书面形式答复。

很巧,我认识该副省长,于是现场掏出手机给他打了一个电话。电话通了,副省长说,当天确实去了该市,但已经离开了,正在火车上,已快回到省城。不实之言被当面戳穿,对方估计有些不好意思。几分钟后,接到通知,市委书记在市委大楼一楼会议室等着。采访,顺利进行。

如果这事在一两年前,估计也会现场发生一场争执。可是回头想想,这几年写的东西十有八九都是官员们觉得很敏感的事情,他们躲闪回避也很正常。只要最终采访还是顺利进行了,没必要捅穿那层窗户纸或者现场发泄一通图个痛快。所以,戳穿别人的谎言后,现场完全可以一言不发一字不提,好像什么事都没发生一样,对方不管是羞愧还是厚着脸皮装作什么都没发生,都无所谓。

因为上面说的这些想法,胆子变小脾气变好也就难免了。遇到那些善意提供帮助的人,心存感激并善意回报;遇到那些大忽悠,只要不太过分,也就一笑而过了。

2016年7月19日

(此文经过修改编辑已发表在7月21日出版的《南方周末》自由谈版上)

我会更加努力

有一次出差，一个采访对象在我即将离开当地的前一晚，去了我的房间。坐着闲聊几句后，他拿出了一个信封放在桌上。

信封很厚，拿起来的时候满满一沓，我递给他，让他拿回去，他则坚持要给我，我则坚持要他拿走。最后，我只好发了点小火：你不拿回去，我立即给编辑部打电话，钱交给报社，这个采访我不做了。对方见我这么说，拿回了信封，朝我鞠了一躬。当时，我看到这个曾遭残酷刑讯逼供最后都没有低头、被零口供判刑的中年人眼里有泪。我跟他说：你要相信，这个社会还有人不是为了钱做事。

几天后的一个晚上，他又打电话给我，我没接。次日回过去，他说，当地有传言说我被打击报复了，加上我头一晚没接电话，他一夜没睡好。他说，不希望我受连累。我笑着告诉他，那是谣言，我没事，我所在的报社没那么不扛事。他说，没事就好，没事就好。听得出来，他有些哽咽。

他又发短信给我，千恩万谢。我又发短信跟他解释：我做的是一个媒体人的本职工作，不需要谢，也不值得赞誉。

不收红包、实事求是报道一件事，这真的就是记者的本分。一个记者做不到这些最基本的,该挨骂,做到了这些,谈不上高尚,那真的只是他的本分,不必给予太多的赞誉。

秋后,一日冷过一日,但心中常有暖意。

有一晚,某个省直机关的官员突然微信语音我,说正在街头步行,不知道为什么,就是想跟我说说话。与他,交往不多,只见过一面,平时微信里也没有交流。因不甚了解他,加上我平日里对官员们戒备心也挺重,所以没有对他公开微信朋友圈。他说,对我的关注和了解,大多来自我这个写"与官员打交道的尺度"的微信公众号。

还有一日,一个退休的老厅长看过我的一篇微信公号文章后主动微信留言介绍他所知的情况,最后还对我说:有什么尽管问,老夫一定说……还有一日,一个曾遭牢狱之灾的老兄突然微信对我说:朝新兄弟,你还在坚持写,真不错。

9月,回南方周末广州总部做内部业务讲座;10月,受邀进京去新京报做业务讲座。这两场前后,又分别受两所大学之邀去各做了一个讲座。最近,还有媒体同行主动帮我联系去大学讲座。知我日子过得简单,这位同行主动帮我提到讲课酬劳的细节,让人感动。

这些,都是业界同行、学界师长和读者诸君对一个坚守者的鼓励。而我,真的只是尽了一个记者的本分,并没有做出什么超出本分的事情。得如此厚待,敢不竭尽全力尽好本分?

是的,我会更加努力。

2016年11月2日

假如我有一天失业了，不必同情我

记者节又来了，不能免俗又要说几句。

说什么呢？想来想去，最近几年关于媒体最热的话题恐怕是媒体的衰落与媒体人的转型。对于我这样还守在传统媒体且还在一线的人来说，最有必要说的可能是需要表明个态度：假如有一天我失业了，不必同情我。

这么说，不是矫情，是发自内心的，既然选择坚守就要承担坚守的后果。承担不起，那就活该面对最严重的后果。最近相关的话说得挺多，集纳在此作为"活该"的证据留下，提醒自己。

写新闻是门手艺

最近几年，纸媒的衰落或者是被唱衰已经不是什么稀奇事，常有人问我的态度。我的态度，大概就是我最近常说的，纸媒可死，新闻长存。

我从来不因为自己还在纸媒工作就觉得纸媒不该死或者死不了。任何自称媒体而失去媒体功能的平台，都该死。从这个层面讲，该死的媒体不分纸媒还是电视、网络或者其他什么的新媒体。

没有公信力、失去社会公器价值、没有读者和市场的媒体，都该死，死掉也不值得可惜。但是，新闻死不了。传播新闻的平台和渠道不论怎么死去活来，新闻都是会存在的，阅读新闻的市场也会存在下去。

写新闻是一门手艺，手艺练好了去哪里都会有一碗饭吃。如今的绝大多数新媒体，生产原创新闻的能力低下或者很糟糕，所以不断从传统媒体挖人。将来报纸、杂志、电视、广播、网站都死了，肯定还会有其他更新的传播平台需要优质的内容。你能生产优质的内容，就不会失业。

如果我失业了，那一定是因为我生产的内容不被需要了，那么，失业就活该。

做新闻过得没那么惨

做新闻虽然不能发财，但也没有有些人说的那么惨。写好新闻，衣食无忧，内心相对自由，工作形式也相对自由。

做新闻，真的没有有些人说的那么苦逼，在新闻业干而养不活自己的，要么是因为太懒要么是手艺太差，除此外若还要找一个原因，那恐怕是又懒手艺又差。

写新闻，需要那么一点天赋，更需要勤奋，还需要内心有那么一点干净的空间。有了这些，你会获得比一般的职业相对自在一些的生存环境。至少，你工作的报社、杂志、电视台、电台、网站可以出钱让你走南闯北、接触各种牛鬼蛇神、倾听各种喜怒哀乐。这样的工作，难道不棒？

这几年，我开始带学生，倒不希望他们壮志凌云，而是希望他们先把手艺练好，将来能安身立命、养家糊口。

先练好手艺再谈新闻理想

谈到新闻，自然回避不了新闻理想这事。

新闻人有新闻理想是再正常不过的事情，正如杀牛的希望自己有庖丁解牛那样的技艺一样。每一行，都有每一行的理想，只不过其他行业不像新闻人这么爱表达。新闻人靠写字和言说生存，说新闻理想自然也就比别的行业说自己的理想更多更频繁，有时候也更矫情一些，这也是情理之中的事儿。

做新闻不丢人，满怀新闻理想也不丢人，丢人的是空有新闻理想而没有好的手艺。手艺没练好，空有满腔的抱负与热情，日子多半会过于愁苦。

练好写新闻这门手艺，然后干干净净地写新闻，当然发不了财，但起码不用看太多鸟人的脸色过活，相对自由。这种自由，我曾描述为"笼子里的自由"。大家都在笼子里，有的地方笼子大一点，有的地方笼子小一点。自然，逃不掉就只能选个大一点的笼子。

媒体，可以对"新闻理想"再宽容一些。有理想的人，不该去嘲笑没有理想的人，没有理想的不该去否认理想者存在的必要性。目前在我们话题所涉范围内的新闻从业者，不管嘴巴上有没有说理想，其实都在努力实践一个大致相同的目标：尽量弄清楚某些事并说清楚这些事。至于是不是要赋予这种行为一些伟大的光环，那就随个人各自去吧。

不要丧失反省自己的能力

如果身体健康允许的话，在一线最好能干到40—45岁。

这是2011年我在复旦大学公开讲的，算是所谓的职业规划了。恕能力有限，再不能规划更远或更清晰。而这规划，只怕也随时可能会变。即便变了,也希望那晚在复旦校园里听我胡扯过的朋友们不要来指责。生在这样一个时代,谁能真正掌握自己的将来,哪怕是明天呢?

在任何一个行业混久了,都容易以老资格自居。可以批评别人,却容不得别人善意的建议,这种霸蛮的作风在任何行业都是有害的,尤其是新闻业。新闻人需要更宽容,能听得见一些友好的异议,甚至也应该能听得见一些不友好的异议。谁能不犯错呢?具备自省的能力,其实也是一种生存的智慧。胸怀和眼界,可以决定一个行业发展的高度和能走多远。

媒体人可以对来自外界善意的质疑、异议更宽容,但对失范的强权、张扬的官员、与权力相互寻租的资本等显然不能。如果媒体人能把对同行的那股狠劲用在他们身上,该多好啊。真的,我们其实还可以对失范的权力、不良的资本更刻薄一点。

坚持的动力来自哪里?

做新闻,尤其是常常深入到官堆里去的人,深知当下的局势对于真正想做新闻的人来说是何等的艰险。这种情形里,我偶尔谈及这个行业也总是希望挑几件有点亮色的事给留下的人和新来的人一些慰藉和鼓励。

这个行当,早不是什么吃香的行当。无数在这个行当里练成了自己刀法的高手,都离开了,他们或者功成身退,或者受庙堂之迫在江湖上已经难以立足,都是这个行业的损失。但每个人都有选择自己生活的权力,没有人能要求他们继续在这个行业里熬下去、苦下去。自然,也没有人该嘲笑留在这个行当里继续坚守的人。眼下这世道,离开的未必是因为勇敢,留下的也未必是因为懦弱。各有各的人生,每个人做好自己嘴巴上倡导的那些才最要紧。

这个行当总归需要人去做。如今做新闻,很像打游击。稍微了解一点当下环境的人,都会理解。打游击,虽然大多数时间可能都躲在芦苇荡里练个瞄准,但也能偶尔出去放几枪,打个小阻击。如果大家都放下枪不当国军也不当八路,都去沦陷区种地或者当皇协军吗?

天渐冷,有些人进屋去了,也有人留在室外。即便过去同处一室,现在不同处一室了,也很难感同身受。毕竟,室外的活还要有人干。我这种还坚持在室外的人,说的话多半是对留在室外的人说的,不打算让室内的人也都满意高兴。

留在室外或进屋,是自由,也或许有无奈。大家心里都清楚,一场大火、一场爆炸、一场强拆、一场你完全意料不到的意外,可以让大家随时变得一样。

最后对自己说几句话:要经得起夸,也要挨得住骂。偶尔回两句嘴,然后笑哈哈。最后对围观者说一句:不喜欢我的人多了去了,你算老几?

2016年11月7日

记者与酒

有一年，某副省级城市一个新闻处长给当地的官员们讲课。讲着讲着，提到了我。

他说，有一年当地的市委常委、纪委书记请我吃饭，把酒言欢，不料纪委书记在酒桌上的话后来都被我写进了新闻报道里，纪委书记苦不堪言。

听说这件事后，我很生气，立即给纪委书记打电话，然后才知道，纪委书记马上要退休了，所以势利眼的新闻处长编了这么一个段子编排纪委书记，顺便也黑我。

当时的情况是，纪委书记酒桌上要求我把某一篇新闻稿见报前先给他看看，我没有答应，只说要请示报社编辑部。随后，我没有将稿子给他看就发表了。纪委书记有点生气，一两年没有再理我。

后来，我们又恢复了联系。新闻处长编段子黑我们俩后没多久，纪委书记真的退休，我还给他做了一个专访，刊发在报纸上。

喝了酒的人说的话，对一个记者来说最多算一个线索。从业十七八年，我从来不把官员们酒桌上的话直接写进新闻稿里，即便是觉得信息很重要，也只是当作一个线索，事后需要多方核实求证。

我喝酒，但工作的时候极少喝，甚至养成了一个习惯，写稿前滴酒不沾。很多人开玩笑说，喝点酒写稿子有灵感，这纯属不懂新闻。

写新闻，不是文学创作，不能有半点想象，容不得半点差池，尤其是我这种过去长期写时政的记者，稍有疏忽，就可能给别人或者自己带来巨大的麻烦。

写稿不喝酒，不把采访对象酒桌上的话直接写进新闻稿里，是对自己的保护，也是保护别人。

我养病期间和辞职后，喝酒喝得比工作期间多。工作期间，偶尔跟工作对象喝酒，那也是冒着巨大风险的。只有闲暇的时候喝酒，才安心放心。

平日里跟朋友们在一起喝酒，很随意，兴致高，不需要人劝，可以自斟自饮；兴致不高，滴酒不沾，任你劝也不端杯子。

喝酒，还有一个底线，那就是不劝桌上的异性喝酒，她们自己愿意喝，当然可以一起喝，不愿意喝绝对不勉强。酒桌上拼命劝异性喝酒的人，十有八九不安好心。

这里得特别提醒那些如花似玉的大姑娘、小嫂子们，你们可都长点心吧，远离那些酒桌上使劲劝你们喝酒的臭男人。

辞职后，经常有各种有事求助的陌生读者说要请我喝酒，从没破例接受这种邀请。虽然赋闲，没有稳定的收入，但我并不是酒鬼，也并不是什么酒都喝，对酒还是很克制的。跟朋友们在一起，一周七天可以天天喝，没有朋友，可以十天半月滴酒不沾。

这些年，也有不少同学、同事、朋友、学生偶尔给我寄酒，我也不缺酒喝。所以，奉劝那些有事想要求助的人，不要打着请我喝酒的幌子想约我见面。有事就直接说事，我管与不管不在于你有没有请我喝酒，而在于你说的事情有没有写作的价值。

最后，还有一个原则，喝酒要喝好一点的酒，劣酒伤身。宁可少喝，也要尽量多喝好酒。

第二章 我，其实还想进步

师父还是师傅？

昨日，去华中科技大学待了半日，还听了50分钟的新闻评论课。

离开教室，在校园漫步了一会儿。校园里，正是毕业季，让人想起15年前自己即将大学毕业的这个时候。

弟子小王是华科大三的学生，她算是这几年里跟我交流最多的弟子。虽然大三，但也差不多快要结束跟我的实习了。邮箱里她当时投来的简历显示，她实习已有半年了。

过去，一直都不怎么带学生，偶尔带那么一两个也没有教他们什么，有些名字现在都不记得了。那时，既不知道该怎么跟他们相处，也不知道能教他们些什么。怎么跟实习生相处这一点，我没能从自己的实习老师那里学到什么。大学时代，唯一正经的实习老师话很少，我也正是羞涩的年龄，当年的相处简单而短暂。

2013年左右，我在微信里感慨不知道怎么带实习生，当时还是同事的王小乔提醒我说，要么就不要带实习生，要么就认真带，要负责。我觉得她说得很对，那时暗下决心要认真对待以后的实习生。

从那以后，陆陆续续带了七八个实习生，包括现在还暂时跟着我实习的小王，平均下来一年两个。

如今，这些弟子分散四处，有的在媒体有的不在媒体，他们偶尔联系我，喊我一声"师父"。有时候，我故意把"师父"说成"师傅"。这两个称呼，在我看来有区别。他们喊我"师父"，而我更愿自称"师傅"。

其中的区别，自在心里：我教给他们的东西很有限，多是做新闻的一些技巧和职业规范，极少交流精神层面的东西，更是不聊个人的私事，以一个匠人的身份自称师傅更合适。

春节前的一天，有个曾经跟过我的弟子突然对我说，跟着实习了几个月，总感觉跟我不亲。这不是她一个人的感觉，估计跟过我的实习生都会有这种感觉。小朋友说，可能是她不够主动，跟我交流得太少。我说，这不是他们的问题，是我的问题，是我的性格所致。

我是个不轻易对人敞开自己心扉的人，喜怒哀乐多数都是自己面对。

2016年的下半年，因为一些变故，情绪低落了一阵子。岁末，腰椎间盘突出又发作了。那段日子，大概是我最近一些年最低落的阶段。弟子们，只有小王知道发生了什么，其他人都不知情。但多数人会有心或者无心地问候一两句。有一个弟子，自始至终不闻不问。这，让我难过了一会儿，甚至将微信朋友圈屏蔽了。这孩子，估计现在都不知道为什么被我屏蔽了。

前不久，在微信公众号里几次提到"弟子小王"，有那么一两位读者友善地提醒我说，"弟子"这样的称呼不好，让人觉得你是在搞门派。

当时，没有好好回复，这几日想了想，大概可以做个正式且诚恳的答复了：我从来不打算搞什么门派，我希望他们将来越走越好，但从来不打算将来他们怎么回报我。在这个点击率为王的年代，我甚至从来不要求正跟着我或者曾经跟着我实习的孩子转发自己的文章，也从不要求他们去哪个群里散播自己的文章。我教给他们一些基本的新闻技巧，偶尔会强调一些职业规范和操守，然后让他们自由去选择自己喜欢的东西。

　　能成为师徒，那是缘分，缘分有始，自然有终。小王之后，一定还会有下一个有缘人。

　　弟子虽有，门派却无。大概就是我今天想说的。

挨骂与误人子弟

最近，陆续有几个同行微信我，说有人在网上骂我。

这事，我早就知道了。去年刚看到的时候，也很生气。开始对方几乎是实名，所以很容易找到人，去法院起诉了。毫无疑问胜诉，对方败诉，删帖道歉赔了点钱。钱我一分没要，都给了尽心尽职的律师。

不久，匿名帖子就出来了。我大概知道是谁，去派出所报警。匿名诽谤，需要侦查，我不是什么名人要员，警察不愿花精力，我也不想利用自己的职务身份处理这事。警察劝我，算了。最后，就算了。

一是当时警察不给力，二是自己也想明白了：你让那么多人不痛快甚至丢饭碗、丢官，人家骂你几句怎么啦？

去年，我总结过一句话：正儿八经干新闻，得罪人是难免的。没人骂，那才不正常。要经得住夸，也要挨得了骂。偶尔辩解两句，然后笑哈哈。

至于那些泼的脏水，有些不值得一辩，有些显而易见：如果褚朝新真有那些问题，早就被抓进去了，还轮得到你来哔哔？我只能回一句：傻×，造谣能有点水准不？当然，一旦我觉得太过分，还是会去法院起诉的。

前几天，去青岛讲了一课，听众是 30 多个高校的学生代表和一些媒体人。这两年，平均下来几乎每个月都会出去讲一两次，有朋友半认真半开玩笑地说我又去毒害孩子或者误人子弟。

玩笑归玩笑，我真心觉得这个行业需要有人继续下去。高人们都赚钱去了，我自不量力想留点种子，别人觉得是癫狂也好无知自恋也罢，我都不在乎。做自己想做的事情，挺开心。

而且，这个时代真的需要好记者。我这种二流甚至三流的记者都混成报社的高级记者了，可见这个行业多么缺人。稍微用心一点的、稍微有点情怀的、稍微有点追求的，很容易脱颖而出。

现在来看，那些离开媒体现在转型混得不错的人，如果没有媒体那些年的经历、不是在媒体干得还不错，他们怎么可能出去混个 P8、P9、年薪大几十上百万什么的？所以，媒体是个不错的锻炼平台。

再说，听褚朝新两个小时的课就能被褚朝新误导或者毒害？褚朝新有那么大魔力？褚朝新虽然自恋，但打死也不相信自己有那么大能量。不然，褚朝新早去干传销暴富了。

能被我"毒害"的，都是还有点情怀、有点想法、对新闻有点热情的孩子。他们，是真实的、值得鼓励的、该被尊重的。这个行业，将来恐怕需要他们支撑下去。

他人笑我太疯癫，我笑他人看不穿……

仅此结尾，诸君安好。

官员与媒体打交道的错误姿势

有那么几年，很抵触去给官员们讲课，收到邀请一般都会礼貌性拒绝。当时觉得，一个记者去给官员们讲课，那是不务正业。

最近两年，想法略有改变：人是需要沟通的，良好的沟通可以改变很多事，有些善意的讲课邀请可去，关键看怎么讲。作为一个媒体人，很多采访的技巧不能跟官员们讲，但"官员们与媒体打交道时哪些行为容易被怼"这类总是可以讲的吧？

官员与媒体打交道时逞凶斗狠、油滑、恶意抹黑、说假话等，很容易被怼。

"新闻发怒人"

3月28日，被武汉市纪委驻武汉市城管委纪检组约见了。纪检组长是个女同志，很和蔼，我们就我一个多月前公开撰文批评的该委某处长的问题交流了近两个小时。

事情大概是这样的：武汉下了一场大雪，《法制日报》以《出行难、应对缓、管理粗——大雪拷问武汉城市应急管理》为题进行了报道，点出了此次大雪武汉城市应急管理中的一些问题。不料，武汉市城管委的这位处长在认证了职务身份的新浪微博上转发这篇报道时说《法制日报》"哗众取宠"。

我一下子想起数月前他也用"哗众取宠"攻击过澎湃新闻的一个记者。那个记者，当时写了一篇批评武汉便民自行车运营不善的新闻报道。

作为一个宣传处长，如果觉得媒体的报道有偏差或者不够全面，完全可以召集这些媒体开个新闻发布会，或者把当事的媒体记者约着单独喝喝茶，介绍介绍他作为武汉市城管委的宣传处长所掌握的信息，告诉媒体大雪后武汉市城管做了些什么，这应是一个宣传处长的工作本分，也是一个宣传官员与媒体打交道的基本职业素养。但是，这位处长没有这么做，他选择了在网上公开攻击媒体"哗众取宠"。

这种粗暴野蛮对抗的不良沟通姿态，自然很容易引起媒体人的反感。很快，就有人提供了上班工作时间他在担任群主的微信群里替一家茶楼销售普洱茶的证据，此外还发现那家茶楼的名义老总是他的亲哥哥，茶楼还开进了武汉市中心的一个公园里。

这些信息，我陆续撰文进行了披露。武汉市纪委驻武汉市城管委纪检组约见我，就是为了我公开撰文披露的这些信息。按照武汉市城管委纪检组的介绍，他们正在努力调查该处长。

按照现在某些研究舆情的人士的说法，这叫因为不当言论引发的舆情次生灾害。该处长的这种粗暴姿态不仅仅使我们这几个媒体人反感，还有媒体人撰文批评他的所作所为完全不像是一个新闻发言人，而是"新闻发怒人"；2月10日晚上，在中央电视台播出的《新闻周刊》中，主持人白岩松也公开点名批评了武汉市城管委的这位处长"只听得见赞美，容不下批评"。

这，就是一个宣传官员采取错误的姿态与媒体沟通导致的后果。

油滑不知轻重

2014年，写文章公开怼过某地级市一个专门与媒体打交道的科级官员。

那年的夏天，当地一个副市长听说纪委要查他，畏罪潜逃遭到通缉，一时各路媒体云集。我去当地公安局采访，一庞姓干部闻讯主动前去陪同。"最近各种传闻，有的说副市长的家人都潜逃出国了，据我调查所知，他老婆孩子其实都还在洛阳，官方应该出来发布一下权威消息，免得假消息天天让你们上头条。"我苦口婆心地劝他。

庞干部叼着烟笑呵呵地说："我觉得挺好啊，汪峰想上头条还上不了呢！"

当时娱乐新闻正火，说汪峰每次有个事本来能上头条，结果娱乐圈就出了更大的事情，抢了他的头条。

他这话，把我逗笑了，"那我就这么写了啊？"本来是个玩笑，我也是笑着说的，哪知他突然来了一句："你只管写，我无所谓，我是部队转业的。"

"我是部队转业的"，这话听起来有点不太和气。天就被说话有点油滑又不知轻重的他给聊死了，我于是严肃地对他说：那好，市局三位领导在场做证，我征求了你的意见，你也同意了，就这么定了。

听了这话，庞干部也没理，抽着烟跟公安局在现场的几个警察谈笑风生，直到我离开。于是，"我觉得挺好啊，汪峰想上头条还上不了呢！"这句唯一在正式采访场合代表当地官方态度的话成了文章的结尾。文章发表后，挨了批评的他来电话道歉。

有些人习惯了把自己当作一个管理者而不是一个友好的工作合作者，进而习惯采取粗暴简单或者过于油滑而不知轻重的方式对待媒体，平日里言行举止过分了事后打个电话发个通知就能摆平，但他不知道，一旦超出他的话域范围若还玩这一套，事态就很容易失控。

妖魔化媒体

还有一种官员，很容易被怼，那就是恶意编造信息妖魔化媒体。

中部省份省会城市一个处级官员，曾经在媒体干过十多年且颇有成绩，从政后常被一些政府机关请去讲课。几年前，有一次讲课时他提到了我，说当地的纪委书记有一次请我吃饭，然后我把纪委书记酒后的话写进了报道里，坑了这名以前跟我关系不错的纪委书记。然后，他以此告诫官员们要远离褚朝新这样的记者。

听课的官员，都知道纪委书记是谁，也知道我是谁，如果这事是真的，这样活生生的案例讲出来效果当然很好。但是，这并不是事实，他讲出来的这个"事故"是他杜撰的。

我极少把酒桌当采访场所，也极少把坐在一起喝酒听来的话写进正经的新闻报道里。我所受的新闻职业教育不允许这么干，做人的基本底线也不允许这么做。

该处长有一点没说错，那就是我与这位纪委书记确实发生过一些不愉快。有一次在当地采访，该纪委书记提出想提前看看我的稿子。这种情况，我们一般都会说这事自己无法决定，要请示编辑部才行。几天后，报道没有给纪委书记看就发表了出来。为此，这名过去跟我关系还不错的纪委书记有些不高兴，一年多没跟我联系。

这事到了那位讲课的处长那里完全变了味，他编造的这场"新闻事故"很快就传到了我这里，我随即用短信发给了当事的纪委书记，并写了文章公开回应。

真实才最有力量，不怕传播和质疑，谎言则最怕被公开，况且他编造的这个"新闻事故"涉及了他的上级，即便他自以为是所谓的舆情分析高手，成为舆情主角后一样地慌了神，四处求人请我删文章。

长期跟媒体打交道的官员给其他官员培训试图提高他们的媒介素养，这没问题，是个正经事，但讲课的讲义显然不能靠捏造一些恶意攻击媒体的假信息来支撑。

低估记者的专业能力

还有一种人觉得媒体好忽悠，常常带着笑脸随口编瞎话试图糊弄人，这种人也很容易被怼。

三年前，我去北方某市采访，约好了当地一个市委书记面访。赶到当地后，先见到了当地的外宣办主任。眼看着过了与市委书记约定的时间，该主任突然告诉我，书记没空，采访没法做了。

我担心是主任不清楚情况，明确告诉他，跟书记约好的。他还是很肯定地说，书记没空。

为了这个约好的采访，当天我几乎一天没吃饭，赶高铁长途奔袭到当地，十分辛苦，于是我再次请该主任去了解沟通一下。

该主任出去了一会儿，回来后告诉我：有个副省长来调研，书记要陪，实在是没时间。

很不巧，我正好认识这个副省长。听他这么一说，我立马掏出手机给该副省长打电话，问他是不是在当地。副省长在电话里告诉我，上午确实在，但已经回到了省城。

挂了电话，我对主任说，副省长说他已经回省里了，根本不在你们这里，麻烦你再去沟通一下吧。该主任随即起身又出去了，不一会儿回来告诉我，市委书记抽出了时间，在市委一楼会议室等着我。

媒体有时候就是个扩音器，一旦启动，你做得好的可以让很多人知道，你做得不好的也可以让很多人知道。一个政府官员想要在公众面前树立基本的公信力，信守对媒体的承诺很重要。答应好的事情不要轻易毁诺，实在有难处就开诚布公说清楚，别过于低估记者的专业能力，以为随便扯个理由就能忽悠过去。

上面提到的处长和庞干部这类人与我都没有任何个人恩怨，纯粹是因为他们以工作身份与媒体沟通的态度与方式不当才引发了他们眼中的所谓舆情次生灾害。经常与媒体打交道的官员，若能不逞凶斗狠、不油滑、不恶意抹黑、少说假话，就能大大降低自己被媒体怼到墙角的风险。

2018 年 4 月

并不是所有报纸的死亡都值得哀悼

这几天，各种关于报纸关门倒闭的消息很多，华商晨报、法制晚报、北京晨报……

有一个数据说，2018年一共有40多家报纸停刊关门。报纸这种传统媒体的倒闭潮，虽然早就不是新鲜事，但如此集中规模的倒闭，还是引起了一定的社会关注。

作为一个在媒体干了17年、在传统媒体干了16年的媒体人，看到不断有报纸关门一点都不难过，不仅不难过，反倒觉得有些报纸早就该死了。不难过，不是因为薄情，而是它们名字叫报其实不是报，不值得难过；觉得早该死，不是因为冷血，是有些报纸早就不是公器，挂羊头卖狗肉。

中国现在还剩下多少张报纸，我没有具体数据，具体数据对我也没有意义。我只感受到，多数报纸现在的第一要务是琢磨如何赚钱，社会公器的属性淡化，商品属性增强。报纸该不该把赚钱放在第一位姑且不论，既然已经被当作商品，商品如果没有市场需求，那就该死，没什么值得惋惜的。

我是新闻科班出身，中外新闻史都了解一点点，报纸的诞生不是为了赚钱,虽然报纸有了影响力后客观上能变现赚钱,衍生出了商品属性,但报纸的出现、存在不能纯粹是为了钱。

报纸作为一个媒体形态,其存在的价值在于传播有价值的信息,如果一张报纸不能生产出有价值的信息,没有社会影响力,那就没有存在的价值。换句话说,一个商品在市场上没有消费需求,自然应该停产。

20年前上大学的时候,我曾经用过BP机,数字的、中文的,当年挺时髦。可是,没有人为这种只流行了几年的通信工具的消亡而惋惜。手机更方便,功能更全更丰富,BP机被淘汰是自然而然的事情。

几年前,我就开始在大学里传播这样一种观点:报纸可死,新闻长存。我从来不因为我一直在报纸这样的传统媒体工作就觉得报纸不会死不该死。无论是报纸、杂志、电视、广播还是现在流行的新媒体,都只是信息传播的渠道,渠道肯定会随着技术的革新而变化,但人类社会对新闻的需求一时半会儿不会变。

我坚信,内容生产不会失去市场。只不过,市场现在被严控了而已。市场的管控,也是部分报纸关门的原因之一,如果忽略这一点而光谈商品属性,那当然也不符合当下的实际。

现在回头看,报纸的黄金年代,报纸都在研究怎么写新闻,反倒是赚到了钱;再看现在,报纸都在琢磨怎么赚钱,反倒很难赚到钱。报纸凭什么赚到钱,凭的是影响力;影响力何来,是报纸上刊登的文字有影响力。一张没有影响力的报纸,是不可能赚到钱的。

并不是所有的死亡都值得我们哀悼,死掉的报纸该死,不必难过,真正的新闻肯定会有其他的呈现形式流传下去、散播开来。

2019年1月3日

老司机的阅读习惯：少读二手信息，多读原始素材

在我看来，新闻行业里的老司机大概是这样的：消息多，判断准，出手快。当然，还有很多特质，有兴趣的可以留言补充。而一个老司机之所以能具备上述三个特点，又基于一个很重要的因素，那就是有好的阅读习惯，有相当的知识积累和储备。

如何进行行业知识的积累和储备就需要专门的训练，尤其是对于即将进入这个行业的后备军和初进这个行业的新人。显然，阅读，是储备知识的最重要手段。

当下，有些媒体从业者获取信息主要靠阅读快餐式的网络资讯，把自己等同于一个普通的读者。这意味着，他获取的信息都是同行筛选过的信息，他被喂食的资讯都是其他媒体加工过的"二手货"，这就决定了他距离新闻事件本身比传递这些信息的媒体更远。

前不久，有一个时政类的微信公众号写了山西大同对7名处级官员的处分通报。从该篇文章，几乎看不出该处分通报有什么与众不同的地方。

事实上，大同通报的7名处级官员，有一个非常值得我们关注

的共同点，那就是"为了谋取人事利益给予他人钱财"，把这句话简单翻译一下，就是行贿买官。过去，官方极少通报如何处分行贿官员。因此，这份通报是相当值得关注和记录的。但那个微信公众号的写作者没有看出这一点，进行了一些不咸不淡的分析，如果我们不去研究官方通报的原始资料而仅仅停留在阅读该微信公众号写的文章，就很难发现和挖掘出更有价值的信息来。

这个案例，证实了尽量阅读原始素材和资料的重要性。作为一个信息收集和传播者，尽量不要去吃同行已经嚼过的东西。只有通过长期大量阅读原始素材和资料，积累大量的相关领域常识，才能慢慢形成认知相关领域的基本框架，并逐步能判断哪些信息是这个领域的新资讯，哪些是常态下的基本信息；常识积累到一定的程度后，你就能在诸多纷繁复杂的信息中迅速准确地抓住要点并发现问题。

具备上述这些能力后，你才能与这个领域从业人员进行基本的对话与交流，才可能激发他们向你倾诉的欲望，激发他们向你解释某个热点事件的欲望，激发他们试图辩白自己某个行为的欲望……

要想尽快成为一个老司机，必须要大量阅读原始素材。比如对时政新闻感兴趣的人，除了日常正常阅读各类自己感兴趣的书籍，还要阅读相关领域的法律法规、条例规章、行业从业者撰写的专业文章、各类政府的文件通知通告、各种判决书、纪律处分通报、官员自书的传记、回忆录、讲话稿，等等。这些信息，属于没有被媒体同行加工甚至污染的信息，能更真实体现你所关注的某个区域的官场生态或者政治环境。

同样的道理，如果你是做娱乐新闻的，你得亲自看人家演的片子，亲耳听人家唱的歌；去人家的粉丝群里埋伏着；看人家明星发的每一条微博、微信，每个自拍，每次遇事后发表的声明……光看别的媒体同行写的新闻，你永远只能跟在别人后面，因为没有新的发现和突破，淹没在海量的信息里无法引起关注。

大量原始信息的收集与积累，还有助于你迅速判断同行写的相关文章是否准确，也有助于你迅速判断是否还有空间可供继续深挖……

好了，今天就聊这么多，祝君夏安。

2018 年 8 月 4 日

第三章

与官员打交道的尺度

第三章　与官员打交道的尺度

一位市委书记的烦恼

2013年12月,突然接到一位市委书记的电话:"老弟,有个事情你可以关注一下。"

在南方周末做时政新闻不到3年,算个资浅记者,但一年到头总会有几个这类电话。有时候,是书记们喝了点酒,恰好看到我某篇报道,趁酒兴要跟我聊聊;有时候,是想知道我最近在哪一块活动,因为又听到传闻说我又活动到他的地盘了,有点小担心。

这一次,我以为是有什么稿子触动了他,他想聊一下。结果他告诉我,是想向我反映一个情况。于是,我报告编辑部出发前往。

转了几种交通工具,到了他的地盘。长途大巴快进城时,我短信告诉他我快到了。他说,在办公室等我。下了大巴又坐一辆摩托车,直奔市委大院。

交流了一番各自对最近官场时局的个人体会后,进入正题。他说,最近几年,陆续有各种离退休的老领导办各种协会,然后到地方找过去的老部下、如今的地方一把手们要钱要车要房。

我让他举几个例子。他点了支烟,"比如,一个退休的领导,自创成立了一个协会,他打电话给我,要我支援两三万的活动经费,然后在我这里成立分会，还需要在协会活动车辆和办公场所上给予支持"。

这位市委书记，把昔日上司的这种行为，称为"化缘"。

"这点要求，对你一个市委书记来说，不算什么啊？"我有点不解。

"两三万，确实不多，就是因为不多，所以才不好意思拒绝。而且，老领导过去是直接上司，拒绝的话面子上也过不去。可是，答应了一个，这种类似的化缘一个接一个，加起来有上十个了。"他说。

我还是让他举例。他说，"有一次，一个老领导下来'调研'协会工作，本来准备让一个副市长去陪一下，结果副市长有会，就没去陪。结果老领导不高兴了，打电话来问罪了，说我们不讲感情"。

这位市委书记还介绍，有些老领导还绕过地方党政主要官员，直接找下面的局委开口，下面的人更是不敢得罪，只能给予"资助"，但这直接影响到部门经费正常使用。

"都退休了，搞个协会，还调研，还要在职的地方领导陪，这有点影响基层的工作了。"市委书记说，希望媒体能呼吁反映一下，"老领导不要搞什么协会，要搞协会就纯民间的，不要找地方党委政府化缘"。

我能理解，离退休的官员们过去都是他的领导、上级，这种事情他不可能通过组织往上反映，而只能寄希望通过媒体呼吁呼吁。

下一步，我得试图弄清楚：究竟是哪些离退休的官员、哪些协会在找地方政府要钱要车要房？这种情况，是否很普遍？但是，很快一个让我俩都很困扰的问题来了：若点名道姓，这位市委书记很容易暴露。若暴露了，他的政治前途可能就完蛋了。

最终，这事从一个市委书记的烦恼变成了一个记者的职业困扰：该不该保护这个市委书记，该不该不顾忌这个市委书记可能面临的政治风险而去把涉及此事的离退休官员一个个找到并通过调查采访把问题揭露出来。

这位市委书记也考虑到了自己可能面临的风险，所以坚持不愿意说是哪些离退休的官员给他造成了这些困扰。没有具体的人和指向，调查也就很难进行下去。官场很多事情就是这样，一些一把手可能都知道的事情，但不会轻易对外界说。

末了，这位市委书记让我去别的地方了解。可是，别的地方可能没有这种事情，或者有这种事情而书记们也不会愿意轻易跟一个不了解的记者"举报"自己昔日的上级。

如此一来，这个采访也就暂时无法进一步深入下去了。既然这事给市委书记造成了困扰，自然也是个应该引起重视的事情。作为一个记者，也只能在不伤害信息提供者的前提下通过这种隐晦的文字"呼吁"一下了。

（原文发表于 2014 年 1 月 16 日《南方周末》）

我不是秘书

3月4日下午，在湖北团驻地宾馆大厅偶遇华中科技大学校长李培根。

曾打过交道，坐在一起不免忆及往事。2010年，曾报道过该校清退超期不能毕业的明星、官员博士硕士，文内提及他，不慎把他的名字写成了"张培根"。

再次向他道歉，他还是当年的那个态度，"没事没事"。寒暄一番后，有件事都没提，那就是报道刊发后，教育部接到该校举报，说我冒充教育部领导秘书在该校采访，并向当时我所在的报社反馈要求调查。

当时在该校暗访时，我以某副厅级官员的朋友身份去了解该官员被清退的信息，该校确实有行政官员问我是不是该官员的秘书，我没回答，既没肯定也没否定。但是，我从来没冒充谁的秘书。

后来有同行说，我看起来真的很像秘书。类似的事，最近又发生了。

4日上午，去某省代表团堵一名全国人大代表的门。这名人大代表，是该省副省长兼公安厅厅长。巧的是，有一男一女同时去堵门。

他们敲开门，自称是省电视台的，想采访副省长关于"四个全面"的问题，并希望副省长下楼到室外接受采访。

副省长欣然应允，披衣下楼。我一路跟随，进电梯后，电视台的妹子问我："您是？"我含糊回答："也是工作的。"妹子说："哦，工作人员啊。"我没搭话。

下楼后，已有摄像机等候，副省长的采访开始。我拿出手机拍视频，拍了50多秒，副省长突然停下来问我："你是干什么的？"妹子回头很惊恐地说："啊？他不是您的秘书吗？我以为他是您的秘书呢！"

"我也是工作。"我还是那句话。副省长到底是老公安，追问："你究竟是干什么的？"

无奈，我只好说出了自己的名字。听到我的名字后，副省长伸出手握手并向电视台的妹子介绍："这是南方周末的记者。"看到我们认识，妹子连连说："哎呀，吓死我了，认识就好。"我笑着说："这有什么吓人的，没证件，谁能进这个院子？"

副省长说："朝新，你等一会，一会咱们单独聊。"于是我闪开，远远旁观。他们采访完后，我们聊了一会，达成了一些共识。

晚上，给副省长发了条短信：想起上午的趣事，我被电视台的小姑娘当你秘书了。他回：哈哈，木事，缘分。聊完，我把这事发到了微博上。

5日早晨6点，早起准备去人民大会堂参加人大开幕式，看到他4日晚快11点发来的短信：哈哈，看到微博了，褚秘，晚安。

开玩笑问他：最近几年出去采访，经常被当作领导秘书。我长得真的像领导秘书吗？他回：早晨好，小鲜肉，有点小秘味。我被副省长逗笑了。

第一次被误作秘书，是在2007年。当年采访邯郸农业银行金库被盗现金5100万元一案，虽然银行外部戒备森严，但我夹着包端着茶杯一路顺利进了银行内部。暴露后，我亲耳听到有人训斥银行门口的安保人员：你们怎么让他进去的？其中一人说：我以为他是北京来的领导的秘书。

  我是记者，从来没有主动冒充过什么领导秘书。有些采访对象误解，那与我无关。不过，我确实不希望自己看起来像个记者。在中国做记者，大多数时候若一眼被人认出，不是什么好事。

2015年3月5日

向副省长借钱

至今,都对初中校门口那家包子铺念念不忘。那年头,我还处在肚子里缺油水的状态,蒸熟的肉包子,肉油浸透包子外皮,每咬一口都小心翼翼,生怕油漏了洒了。

每天早自习前后,教室里就弥漫着那家包子铺的肉包子香味。幼时家贫,常常囊中羞涩,我大多数时候只能饿着肚子吞咽着口水,朝天大声念"天将降大任于斯人也,必先苦其心志、劳其筋骨、饿其体肤"。

从此,养成了宁可饿着也不轻易找人借钱的习惯。可最近,找人借了一次钱。不借则已,一借惊人。这一次,钱虽然借得不多,但借钱的对象十分特殊。

4月7日,手机、钱包、银行卡和身份证一次性丢失。订好了8日出差的机票,没办法,带着8000元钱出了门。这一趟差,跑了四个城市,4月26日的时候,8000元钱只剩下200多元了。当天酒店的房费,都没钱交了。虽然多个地方政府部门都表示过由他们接待,而我兜里所剩不多,但我仍执意按照单位规定自理差旅费。

手机、银行卡和身份证全丢,成了一个死结。自己银行账户里的钱，动弹不得。身上没有一张卡，家里也没法给我汇款。电话求助当地的副省长兼公安厅厅长，希望他想办法给我尽快办个身份证。有了身份证，就能到银行修改绑定的手机号，就能收到网银的验证码，账户里的钱就可以通过网银转出来了。

副省长打了几个电话后说：身份证不能异地办理，必须回户籍所在地才能办。他看我着急，追问"出了什么事"。

走投无路了，我只好实话实说，"弹尽粮绝了，出差前卡、身份证和手机都丢了，账上的钱动不了，今天的房钱都没钱交。"

说走投无路，有些人可能觉得有点夸张。作为一个记者，在工作地向工作对象开口借钱，是一件很敏感的事情。试想一下，如果一个记者突然跟采访对象开口借钱，即便真的是千真万确的有借有还，也很容易让他误以为是变相暗示他给点好处费。这些年，太多记者在外面敲诈勒索，有的根本不暗示而是明示索要好处费。

当地，还有曾力所能及给予过帮助的私人朋友。这位朋友一直希望对此前的帮助做一些回报，我一直不受。这种关系，更不好开口借钱，开口借了钱，他不管你是真遇急还是假遇急，将来还钱必然一番拉扯推让，很麻烦。当地相熟的同行，那两天恰巧都在外地，也就没法开口。让他们转告其他人借钱，更容易出误会。

找其他人都不合适，既然副省长问起，不如就找他借。他身份特殊，身兼公安厅厅长，找他借钱反倒不会引起误会。他听完大笑："你小子，这事啊，没事，需要多少，1万元够不够，我让秘书给你送去。"

一件看起来很敏感的事情，在两个磊落人这里，就这么简单。我最后只借了5000元，写了一张借条让送钱的人带回去，并把借条拍照用微信发给了他。他看了又笑，微信发来两个字：规范！

4月30日，这趟出了22天的差结束，我回到武汉。5月5日，补办了身份证，当天就把账户里的钱盘活了。出银行，就找秘书要了账号，把借款还了。微信告诉副省长，钱如数还了。他微信回复：守信用，讲诚信，好秘书。

"好秘书",是个玩笑话。因为此前两次被其他人当作他的秘书,他自此经常开玩笑称我为"褚秘"。

作为一个记者,找省部级官员借钱,这是人生第一回。他作为副省长,被记者借钱估计也是第一回。简单的事情,就这么简单地结束了。人活着,有时候真的就可以这么简单。

(原文首发大公网个人专栏《围炉话官》)

与官员打交道的尺度

如何跟官员们打交道、把握与官员的距离,这是近三年最大的职业困惑。

做时政,与官员距离太远,无法深入了解他们,也就无法了解他们生存的环境。完全靠常识推理,恐很难弄明白现实官场运行的规则和逻辑;跟官员走得太近,容易丧失媒体独立的立场,路也就容易走偏。

在当下特殊的政治环境里,时政记者如何既保持新闻人的职业独立又与官员保持较有利的距离,是个难题,亦无现成的理论可学。

2011年8月,从新京报入职南方周末专门做时政新闻。这三年,几乎只写与官场直接相关的事情,每个采访都是直接与各级官员打交道,见的大小官员数以千计,新闻实践中的一些具体做法,有的或许有可取之处,有的或许走偏了。对错究竟如何,年底这篇文章算作一个小结,请诸君批评。

胆子越来越小

最近找资料,翻三年前刚到时政领域写的新闻稿时发现一个惊人的变化:当年,不管写什么事情,不论采访的是谁,都会写明采访对象的姓名、职务,文内基本都是真名实姓。最近一两年,文章里频频出现匿名和化名的情况。

江湖越老,胆子越小。

采访对象,不管官居何职,其实与一个职业记者都不太相干。记者做职业的报道,做完报道拍拍屁股走人,此后可能再无见面的机会,更无利益关联。但这两年,我总担心自己的这种洒脱会给无辜的人带来诸多的麻烦。某些官场的肮脏,超出我们这些外人的想象。

干这一行多年后,我越来越不怕那些狡诈的官员,反倒越来越担心自己会伤害到一些忠厚老实的无辜官员。或许,今时今日,无官员是无辜的,但我总坚持认为,具体到某一个场景里,总会有相对无辜的人。

时下中国,官场仍有很多心怀正义的人,或者是出于公心正义,或者是出于对我所服务的报社的信任,或者是对我个人的信任,愿意在我履职时提供一些帮助。若毫不隐晦地写出他们的身份姓名,他们在我离去后恐怕要遭遇长久的指责甚至是非难。面对此种完全可能发生的情形,怎忍心不保护他们?

保护一些人,绝对不仅仅只是职业技巧。记者,先是人然后才是记者。

接触某些官员时,可能还会看到一些他们平常在电视报纸上不会显露的一面,比如罕见的真诚、偶尔的率性,难免会让人在一瞬间对他们有些欣赏。还有时候,有些官员出于自我保护的目的,会站出来帮助媒体揭开某个黑幕。即便这种有明显个人功利色彩的"自黑",有时候都会让我感动。毕竟,太多时候官员们在强大的压力面前会选择隐忍和沉默。

在我看来，对毫无情感交流的陌生人也要心怀善意，对提供过工作上帮助的人更要怀感恩之心。

曾有官员说我仇官。对我做出此类判断的官员，多半是那些因我的报道利益受到损害的官员。我不仅不仇官，还真的很注意保护那些有良知的官员。

2012年，曾报道某采访前素未谋面的县委书记。当时，在当地明察暗访半个月，通过各种形式见了三四十人，甚至联系了前两任、与他算是政敌的县委书记，基本判断这是个难得一见的个性县委书记。

暗访时，有当地老百姓叫他"青天"。从业十多年，大多数时候老百姓一提县委书记、市委书记就开骂。但我知道，"青天"这种有明显标签性质的称呼，不能出现在报道里，我不能让他成为当地官场的众矢之的，这种难得的官员应该受到保护。

遇到一些值得保护的官员，绝对不能没有分寸地赞誉他。对一些处在官场边缘的异类，媒体赞得太狠，是害他不是帮他。

我们的眼泪为谁流

最近，跟一位县委书记对话时深受触动，情绪有点失控，忍不住掉了眼泪。

按照新闻专业主义的要求，采访对象不管是官员还是普通民众，都应该一视同仁。在记者眼里，应该没有官员和普通民众之分，只有采访对象和非采访对象之分。时政报道，因事涉时政而导致采访对象主要集中在官员群体中。在当下特殊的政治环境里，权力失范严重，官商勾结利益输送严重，局部地方官场甚至出现塌方式腐败，时政记者很难只把官员当作一般的采访对象一样对待。

在实际操作中，媒体对官员更加严苛成为常见的情形。一名时政记者在一个县委书记面前落泪,因此显得有些不合适。

为此,我很长时间处在困惑之中。2007年,与某县委书记对话,长谈两次。经历震惊全国的卖官案后,该县的政治生态濒临崩溃,此书记临危受命。说起妻儿父母,他三次落泪。

记者的工作,有时候是有些残忍的。别人动情落泪,我当时一个劲在提醒暗示坐在一旁的宣传部长拍照片。可惜,部长说当时惊呆了,没见过县委书记落泪,不敢拍。

此后多年,虽然常与官员们打交道,但不曾遇到第二个在我面前落泪的官员。对官员这个群体,也一直保持着警惕,加上年过三十后貌似心越来越坚硬,因此从来没有想到自己会因为这个群体里的人落泪。

这几年,对具体接触的一些官员的同情多了。有时候我也困惑,面对一个具体的基层官员,能因为他在甲处作过恶就可以不必同情他在乙处受的伤害,我们记录他在乙处受到的伤害就必须同时呈现他在甲处作的恶?再或者是,还有那么多的底层民众遭遇过或正在遭遇不公正的待遇,一个职业记者,是不是该把更多精力花在关注他们上面?

人到中年,困惑越来越多,对这个职业的困惑,对外在的困惑。

离开前,县委书记来送别。闲聊中,他对我报道里提到的一名基层公务员说了句同情话,惹我落泪。火车站,县委书记送我,我在车里抹泪,他在车外抹泪。

我为了此后或许永生不会再见的人抹泪;不知道,他是为谁抹泪。

有一天,我问自己:还适合继续做这个工作吗?自己是不是因为与官员们走得太近,生出了许多不该有的同情,再或者是因为走得太近,丧失了该有的立场?

总以为,在一个个具体的官场场景里,冲突双方若都是官员,但有大有小、有强有弱,强弱相对,失范的权力自然会像它侵犯普通民众一样侵犯职务较低官员的权利。较之普通民众，官员们一旦遇到来自体制内的不正当侵害，他们寻求社会救济的顾忌更多、路径更少、阻力更大。此种世道，不管是谁受到不法侵犯，都该得到合理的社会救济，媒体都该在职业范围内尽力关注。

曾写文章帮助一名遭遇强拆的城管副局长，引来一些嘲讽。谁能保证自己一辈子从没干过错事？因为干过错事就应该被剥夺寻求社会救济的权利？那么，我们每个人将来都可能面对无人愿帮的境地。我希望，帮他的过程中，让他看清楚某些真相，以后不再滥用手中的权力。

记者能与官员成为朋友？

如何与官员打交道、如何能在官员群体中建立较为固定的信息渠道，这恐怕不仅仅是我这个时政记者经常困惑的问题，也是很多其他领域的媒体同行偶尔也会困惑的问题。

最近两年，因为工作关系偶尔会跟一些省部级官员有接触。有时候在饭桌上，偶尔会谈及一些近期敏感的话题，比如人事变动，比如反腐。一般情况下，饭桌上的话若不是事先说明要报道，我很少会拿出来当作报道素材。至于跟一些官员的私人交往，也从不在网络等公开平台上发布消息。

网络时代，官员们害怕自己成为舆论热点，不希望张扬，被迫很低调。因此，作为一个时政记者，与某些官员的某些交往和关系是不能对外说的。这，是一种分寸，也是一种尺度。

那么，记者是否能与官员成为朋友呢？2012年年初，我曾专门写过一篇题为《官员能与记者成为"兄弟"？》的文章，发表在《南方传媒研究》上。当时，我的观点是在当前的政治环境下，有较高职业素养和职业道德的记者几乎不可能与官员成为朋友。三年后的今天，我依然坚持这么认为。

不能成为朋友,但与官员的交往却不能不继续。虽然不能成为朋友,但与官员打交道过于功利、急于求成,也会适得其反。让他们认识你、了解你,而你也不张扬,等他们想找地方发声时,会首选你。

这里,涉及当"枪"的问题。我并不反对记者当枪,关键在于你获得的信息是否属实,是否有利于公共利益。缺此两点而当枪,将成为职业污点。若信息属实又有利于公共利益,当枪又何妨?

当然,我所服务的媒体一贯有好的社会声誉,也很重要。没有好的平台,很多事情将是另外一番模样。

跟各类官员打交道这些年,在厅长办公室发过火,在公安局长车上吐过酒,与副省长一起在农家吃过饭,被警察当面骂过"小报记者",在县委大楼被威胁过要报警抓捕,被某地公安查过,被各类官员称兄道弟,甚至有人趁酒醉提过结拜兄弟。来自官员的各种奉承、嘲讽挖苦、事后反悔和否认曾说过的话、语言威胁、造谣中伤等,我都领略过一二。

不管官员是善待记者还是刁难、威胁记者,职业记者与官员对同一问题的态度,总会有异有同。

2009年的一天,正在一名拆迁官员的办公室里采访。电话响起,是某市委书记的电话。他问我:老弟啊,我们这点事你为什么要追着不放,有什么新闻价值?我说:你是官员,我是记者,我们对新闻价值的判断不可能达成一致。

当时的报道,让他的升迁延迟了一年多。如今,此公已算一方诸侯。其实,这几年做监督报道,最想的不是把哪个官员拉下马,更希望与他们有良性的合作,找准矛盾并化解矛盾,为改善民生做点实事。可是,官员里真正想给老百姓做点事情的人少之又少,有些媒体人不得不以摘掉多少官员的帽子作为衡量职业成败的标准之一。

至今还有一些官员偶尔会短信问候,保持着非工作关系的联系,但与他们算不算朋友,真不好说。也还有一两个身在官场的联系者,会私下认同我的部分价值判断。他们,或许能成为真正的朋友,却永不可能以官员的身份与我成为朋友。可惜的是，我永远不能让他的领导和同僚知道他与我的亲近。

  与某些官员保持距离，也成了对他们的一种保护。一个爱惜羽毛的职业记者，要有敢说真话的勇气，要有能辨明真伪的智慧，要懂得保护别人，不存私心不谋私利，还要与意气相投的官员保持应有的距离。

记者虽好，也不能多说

老 M，见过不少高官，但作为老资格的厅官，并无"恐高症"。

所谓的恐高症，就是有些官员平日里在下属或者辖区老百姓面前，总是一脸的严肃，从不喜形于色，说话也总是云山雾罩的，让那些善于察言观色的下属都很头疼。可是，一见到比自己级别高、权力大的官员，腰不由自主就弓了起来，点头哈腰的，脸上也总是堆满了殷勤的笑。

老 M 不是这样的人，但是他遇到记者，还是心有忌惮。有一回，有个记者想去采访他。他一看对方名头，就不想见。这家报社，出了名的尖锐。这个记者呢，打听了一下，据知道这个记者的官场同僚们说，也很难缠，是个刺儿头。

可是，这个记者不依不饶，还有些能量，说服了老 M 的上级，非要跟他谈。没办法，老 M 最后只好勉为其难见了他。

见了后，老 M 发现这个记者没有想象的那么可怕，能沟通交流，也没刻意为难自己。开头闲聊时，老 M 问记者怎么来的。记者说，坐出租车来的，很方便。

老 M 吃了一惊：这个记者能搞定自己的上级，但来采访时居然是坐出租车来的。过去，老M见过不少记者，吃住都靠地方政府，往返机票、火车票都要地方报销，临走还要带点土特产。

当下，老M对这个记者心生好感，相谈甚欢，聊到了晚上快8点钟。

说这些，可不是为了表扬这个记者。这些铺垫，是为了证明老M为人为官的谨慎。为什么呢？诸位请耐心接着往下看。

虽然有诸多好感，但记者问到敏感的问题，老M还是没说心里话，打起太极。

记者问他：最近从外省调了不少官员到本地，听说有些本地官员觉得这是中央对本地的不信任；也有人说本地经历了反腐风暴后，大量官员涉案，本地已经选不出好官来了，只好从外地派。你怎么看这事？

这类议论，老M早就听说过，他心里也有自己的判断，但是对记者，他是这么说的：没有听到这些说法。从外地派干部来，这是中央对我们这里的关心和重视。

数月后，这个记者又来了。第一次见面，感觉还不错，这一次老M以朋友身份见了记者。闲谈中，记者又提起上一次问到的人事问题。

这一次，老M说了心里话。他告诉记者，其实他也听到了各种议论，有些本地干部情绪也确实受到了一些影响。

老M知道，记者这一次来不是冲这个人事问题来的，跟他说了真话他也不会再单独写，另外接触了两次，觉得这个人还是比较诚信，也懂得基本的尺度，不会乱来。

记者听完他的话，笑了起来：上次采访你，你怎么不这么说？老M也笑了："你采访我，我当然只能那么说。这一次，咱们是朋友聊天，我可以说点心里话。"

老M觉得，彼此信任了，可以说些真话，但面对一个自己第一次见的记者，绝对不能说真话，有些真话被记者报道出去，可能给自己惹来一场祸事。

不过,老M通过这一次也感受到了记者的不容易:虽然自己对这个记者有好感,也不能说百分百的真话。其他记者呢,想从官员们的嘴里知道点真相,岂不是更难?不过,官场向来如此,见到职业记者都小心翼翼,见到可以用钱财买的记者就漫天胡扯。

老M就见过这类的事:有个记者,专访某个局长,听局长一个人扯了一个多小时,回去就写了三四千字,大夸局长廉洁、务实。一年多后,该局长因重大经济问题被双规了。

2016年1月11日

这种事不能拍照发朋友圈

与一位省部级官员有私交,偶尔会一起吃吃饭。

有一次,他说带我去吃一家不错的火锅。然后一行三人,去了一家火锅店。那是一家很普通的火锅店,既非连锁店,也不是什么知名的店子,店名此前也没听说过。进店后,他选了大厅里的一个角落坐了下来。四人的台位,我和另一位坐在他对面。

我当时有点意外,没想到居然是在大厅的散座吃饭。坐下来,现场点菜。一人一个小火锅,自助式的,各吃各的。吃完结账,也是普通的消费。

行走江湖十多年,和这样的人吃这样的饭,确实是第一次,职业病难免发作。我问他,跑到小饭店大堂的散座吃饭好玩不?他笑呵呵地说,坐在角落看看各种人,听听隔壁桌聊天,挺有意思的。

当天这顿饭,他没带秘书。事后,我问过他的秘书。秘书说,火锅店是他发现并介绍给他的领导的,陪着去吃过几次,也是在大堂里坐的散座。

当时,很想拍个照发个朋友圈。因为绝大多数情况下,省部级官员们与人吃饭肯定是在高档包房,即便是在办公室吃盒饭,也一定比咱们小老百姓要精致高档很多。

无数个现实的例子证明：我一旦拍照发朋友圈，后果会很严重。

首先，他可能被骂作秀，然后是各种猜测、人肉、讽刺谩骂。在位的高官，普通民众甚至媒体平日里都是轻易碰不得的。官员们的渎职、贪腐等违法犯罪行为，一般都要等纪检部门先发布消息，大家才能说几句。说他们作秀，是当下公众可以公开指责在位高官屈指可数的几个着力点。

所以，看到平日里总是坐专车的官员出现在小饭馆、公交车、地铁上，大家难免要多少议论几句。倘若这类消息还是一向以正能量自居的媒体和当事高官的下级发布的，骂声必然响彻寰球。

民众想骂的，骂不得，只好揪住一些鸡毛蒜皮的小事发力。但是，眼下对于"作秀"的议论也确实有些值得商榷的倾向，那就是不分青红皂白地开骂。任何个体和团队，采取一些媒介手段或营销策略展示自我，其实无可厚非。有些作秀，不妨引导和推动，让它从"偶遇"能变成"常遇"。对"偶遇"若进行嘲讽和叫骂，那将来"偶遇"也不会有了，会变成最后一遇。

其次，我若拍照发朋友圈说自己跟省部级官员吃饭，不管我还想明示或者暗示多么严肃的意思、探讨多么严肃的话题，都会有人要说我在显摆、卖弄之类。我若是还敢赞一赞这个朋友，就算是说他没什么官架子之类，"拍马屁""媚权"等骂声估计也会淹死我。

结果是，他和我从此保持距离，或许再也不见。受到惊吓的他，再也不会去小饭馆的大堂散座吃饭，只好跟过去一样，不管跟谁吃饭都躲在包间里。

这样的结果，对公众对我对他本人，有什么益处呢？

湖北省统计局副局长叶青，是个不错的参照。官至副厅级，叶青长期骑自行车上班、出门开会，刚开始有媒体报道，也有人说他作秀。当媒体发现叶青骑自行车上班成为常态后，也就没人报道了，说他作秀的也越来越少。去年冬天，我还偶遇过他骑着自行车从湖北省政协出来。

如今，他骑自行车不是新闻了，频繁丢自行车倒成了新闻。所以，那些不打算长期与民共乐、同苦的官员，只要坐地铁、坐公交或到街头吃饭不能成为常态，就免不了会被人当作稀罕事围观。如果真不是作秀，那就该顶着冷嘲热讽的各种议论继续去坐公交、坐地铁、骑自行车。

但是，叶青只有一个，一则他主张公车改革，早就自己革了自己的命，主动放弃了公车；再则，叶青也是网络上的大V，对网络上的各种嬉笑怒骂早就习以为常，内心强大。我们，不可能要求省部级甚至更高级别的官员们都有叶青那么强大的抗骂能力。

市委书记坐地铁，大家骂他嘲讽他，他还敢再去坐地铁吗？省长坐公交车，大家骂他嘲讽他，他还敢再去坐公交车吗？我觉得，他们出现在公交、地铁、超市、小饭馆里，不仅不必去骂，还可以鼓励鼓励。如果大家觉得鼓励算是媚权，那就忽视他，实在无法忽视，那至少不要过于大惊小怪。

后来，还和那个朋友在另一家家常菜馆的大堂吃过饭。第二次，见怪不怪，没有了拍照发朋友圈的冲动，他也更自然，还喝了点酒。

虽然经常出现在当地的电视和日报上，但在小饭馆里他看起来就是邻家的老汉，没人注意他。

偶遇高官不时成为新闻，打算以他为例说点正经事，问他能不能接受。他在微信上回我：呵呵，无妨。

（此文经过删改，已经发表在2016年2月25日
《南方周末·自由谈》）

第三章　与官员打交道的尺度

帮不了的忙

几个月前，有某地官员辗转找到我，表示希望走走我的"后门"，能在仕途上有所提升。

这几年，专事写官场，与各路官员打交道。有时候虚荣心作祟，私密小范围闲聊，有意无意提及过与某些官场的往来，让一些有心人记在了心里，再或者是茶余饭后的闲话口耳相传被传变了味，让一些人误以为我在地方官场上有很大的能量。

确实，行走江湖十几年，结识了一些地方官，也积累了一点人脉。但对我而言，这些官场的资源不是用来干这些跑官之类的勾当的。

跑官那事的中间人，算是一个朋友，人不在官场，对我还算有些了解，也没说此人想贿赂我之类的话。那人，也见过一次，据说也还算有些能力，但地方官场过去一靠钱二靠门路，他什么都没有，所以久久只是一个基层的科级小官。其实，很多人在基层一辈子副科都搞不上，能搞到一个科级当个县局局长，已经很不错了。

中间的朋友，也还了解我，他或许是想通过我的正常举荐被上面纳入眼内，但我很直接地拒绝了："我不能做这种事情，您应该是理解我的。"朋友答复：明白了，我事先也是这么跟他说的，但他执意要问一下。

人与人交往，总有这样那样的无奈与苦衷。

还有一次，有自称同行的陌生人找来，想通过我结识某地政府要员，谈一个投资项目，还说项目是个环保的好项目，一切都是合法的，只需要我出面让双方见面，事成后会给我合法的报酬。自然，很干脆地拒绝了。

以前没往这方面想，来了这两件事后突然意识到，过去官场大环境不堪，久跟官场打交道，有些人自然认为"常在河边走，哪能不湿鞋"。何况最近几年业余还写了个《与官员打交道的尺度》的系列专栏，不时讲一些亲历的官场故事，赚是赚了些眼球，也衍生出了很多"副产品"。比如这些求官求财的人看到后，以为我跟官员们有诸多的苟且与交易，也找来了。

那么，既然有人可以找到我本人明确提出求官求财，会不会有人打着我的旗号在一些地方官场求官求财呢？

担心被人利用，于是向相关的官场人士做了说明与沟通，希望当地警惕，任何以我的名义求官求财的都请当地依法依规严查严处。这话，有点像一些地方官上任之初做的廉政宣言，有点假，但不这么说好像也没有别的办法。

当地官场人士问我，能否将两者的详细情况提供给他们。言下之意，可能是想追查一下。我思虑再三，拒绝了：我不会帮他们求官求财，但也不想举报他们。其实，心里有私，担心牵扯到中间的那位朋友。

有些人不能纵容，但总有些人是需要保护的。那些与我非亲非故，凭着一腔热情和良知曾帮助过我的人，曾给过我这个异乡人一些暖意的人，必须要保护。

只要还在媒体做新闻，就必须坚持一个底线：有些事情可为，有些事情绝不可为。

话，也就说到这里了，点到为止。如果以后真有人冒充我的名义去干不法的勾当被抓被查，不管是什么人什么关系，都是咎由自取，怪不得我。

2016年4月6日

拒绝在位的他和答应退休的他,我都无愧

5月3日,专访了刚刚离开武汉市委常委、纪委书记岗位的车延高。

一个厅级官员离任,本不是什么大事,但2010年因诗歌集获得鲁迅文学奖引起举国关注的风波,车延高也算一个"明星官员"。再加上武汉是湖北省会、副省级城市,当过纪委书记的他也值得时政记者关注。

采访完,他说报道刊发前能不能给他"看一看"。

同样的要求,他几年前也对我提过,但被拒绝。2011年4月,我在武汉调查武汉公务员乱发津补贴的情况,涉及武汉市多个部门,涉及的金额保守估计数千万。得知我在采访此事,作为主抓这个工作的武汉市纪委书记,他约见面并提出报道刊发前给他"看一看"。

当时答复:不能做主,需要编辑部决定。5月3日,稿子没有给他看就刊发了,武汉公务员滥发津补贴的消息满网转载。

当日早上6点多,他打来电话,很不高兴。这事之前,我们还算有些私交,偶尔会私下约着在武汉一起聚聚,这事发生后有几年没有来往。他改手机号,也没有告诉我,一度失去联系。

2013年8月，编辑部派我到武汉写电视问政。拿到了他的新手机号后，打了过去，他很爽快答应接受采访，约次日去办公室面谈。采访完后，他又出面协调武汉市监察局、武汉电视台、武汉市城管委、武汉市水务局等多个相关单位与部门的负责人受访。这一次，我仍然没有把稿子事先给他看。

尽量不让采访对象事先审稿，不是我个人的决定，而是所在报社多年的传统与原则，相传几代记者，延续至今。

但是，这一次他再次提出报道刊发前给他看看，我心里动摇了，但仍没有立即答应。即便将稿子事先给他看，也必须跟编辑部沟通，得到编辑部的同意才行。与编辑沟通后，得到了编辑的支持与理解，同意把稿子给他看看。

过去不把尚未刊登的新闻稿事先给他看，是因为他在位，是副省级城市的市委常委、纪委书记，还担任过市委常委、宣传部部长，他是有能量干预媒体的报道的。面对这样的权力，拒绝是为了坚持新闻媒体独立报道的基本职业原则。

所幸的是，他当时虽然不太希望我写的某些报道刊发出来，但终归没有利用手中的权力粗暴干预。如今他不在位了，权力即便尚有余热，也不似过去那么炽烈，我作为一个记者怕他干预的担心也不再那么强烈。这个时候，不得不考虑这样一个我得罪过的官员此时还愿意接受我采访并允许问一些尖锐问题，应该让他看看我记录的是不是他当时真实的表达。

专访时，我以他的微信朋友圈切入问他过去是否做到了说真话，以他过去爱收集石头为由问他"雅贿"的问题，以武汉市委常委、统战部部长张学忙严重违纪从正厅被降为科员为由问他作为纪委书记是否有责任，也问到他获得鲁迅文学奖受到的争议，他都一一作答。报道刊登后，有些武汉官场的人觉得虽然他仍有些官话，但这些问题对他来说已经足够犀利，他居然接受了采访还回答了，实属不易。

采访时，我曾试图让他评价武汉的市委书记阮成发等官员，他表示为难。议论上级，是官场大忌。我设置这样的问题，并不是想挖坑害他，只是觉得他退下来了，可能不需要顾忌这些。既然他还顾忌，我也能理解，最后放弃了这几个问题。

事实上，采访中他一直试图说服我将报道的方向集中在他希望的方向，比如尽量多写他的创作，写他退休后创作的计划，等等，但我一直在与他较劲，尽量往自己感兴趣的话题上问。

所以，他心里明白，也当面向我表达了如下的意思：我不可能写一篇讴歌他的报道，此外他也退居二线了，即便是一个正面呈现他的报道也不会给他带来什么政治好处，事实上，我问的有些问题极可能给他带来麻烦，他的家人也不同意他接受我的采访，但他做好了承担可能带来的麻烦的准备。

他既然左右不了我的报道方向，也获得不了什么政治好处，还要承担一定的风险，让他看看我记录得准不准又何妨呢？

最后，给他看了稿子。虽然他明确表达过不希望写张学忙的事情，但看了稿子后最终还是尊重了我的意愿，保留了那一对话，只是对一些表达做了修正和完善，还删了几段我也觉得没有什么油盐的官话。

作为一个记者，当初拒绝在位的他和答应现在退休的他，我都无愧。

2016年5月9日

县委书记县长的另一面

今天,专门去抖音上看了陕西洛川县拍的MV《洛川等你来》,主演主唱是洛川县委书记王明智、县长张继东等当地的一众基层官员。

看完视频,决定来写这篇文章。

作为一个资深的时政观察者,长期与各种官员打交道,见多了各种正襟危坐的官员,也见惯了各种板起面孔的官员,说句不客气的话,如果是在会场看到洛川县委书记王明智,不深入交流的话,我不一定会喜欢他。

但是,视频里的王明智讨人喜欢,少了官气,微胖的他微笑着举着苹果和摊开双手唱"苹果成熟的季节,洛川等你来"时,憨态可掬。

我觉得,县委书记和县长们出来替本地的特产代言,比花几十万上百万请个明星代言有效多了,也实惠多了。2015年,还在湖北巴东当县委书记的陈行甲就曾亲自上阵拍MV替巴东的旅游代言。他当时的考虑就是请明星很贵,自己出镜花不了多少钱,效果也不差。

不过,当年陈行甲这么干,还有些人非议,觉得他一个县委书记出来唱唱跳跳,不像样子,唱得也一般。但是,陈行甲的视频在网络上很快就火了，对巴东的旅游还是有些拉动作用。

没有想到，这才三四年的时间，在当初陈行甲遭到非议的湖北，最近十几个地市的市长副市长纷纷走上电视屏幕，给地方的旅游代言。陈行甲在我的微信里留言说：确实很感慨，不过挺高兴的，为家乡高兴，为湖北高兴！

湖北在进步，湖北的官场在进步，湖北的官员也在进步。作为一个湖北人，由衷地高兴。

上网查了一下，2016年洛川人就开始唱《洛川等你来》了，词和曲子基本没变。三年过去了，从过去的老百姓唱到县委书记、县长、乡镇党委书记、镇长们一起唱，这当然也是进步。这些地方官员若早几年唱，洛川的苹果一定会更火、更广为人知，卖得也更好。

过去几十年，地方官们一门心思都盯在对GDP拉动作用更大的大建设、大项目上，忙着剪彩、忙着奠基、忙着征地。在有些地方，这些项目仅仅是剪了彩、奠了基、征了地，工厂没有盖起来、生产线没有启动，他们就高升走了，留下无数的烂尾楼和烂尾项目。曾有300多个烂尾项目的河南南阳，就是一个反面典型。

旅游、农业这些产业，投入大、见效慢，乍看起来财政收不到几个钱，老百姓更得实惠，所以有些急于出政绩的官员，总希望在三五年的任期里看到效果，也不管这效果是一时的还是长期的，对这些更贴近民生的产业过去重视不够。尤其是在那些没有自然资源、土地也有限的地方，地方官们一筹莫展，除了大搞基础建设、开发房地产，就不知道怎么发展地方经济。

如今的官员，真的很需要好好体会一下这两句话：功成不必在我，政声人去后。

要感谢科技，感谢抖音这类的视频平台，提供了更多可能，不仅给普通民众更多的选择和机会，也给地方官们提供了新的施政舞台，让他们不再整日坐在金融、工业项目的协调会上，而是深入到田间地头、走进录音棚，一改过去呆板的形象，用歌唱的方式去推介地方的旅游和地方的农产品，以更有亲和力的方式施政。

在抖音上转发了《洛川等你来》，点了红心，给洛川的官员们叫好点赞，也给洛川的苹果叫好点赞。

我的老家是蔬菜大县，期待着县委书记和县长们也能想想办法，可以创新，也可以模仿，多替老家的蔬菜吆喝吆喝，若能如此，菜农们一定会觉得很暖心。

2019 年 9 月 22 日

副县长吃鸡

很多人看到这个标题，一定先入为主觉得我是个标题党，吃鸡应该加引号才对。哈哈，那你就错了，今天说的就是吃鸡的事，而且吃鸡的主角就是一个副县长。

最近，名为"黄河王小帅"的短视频账号发布了一条卖扒鸡的视频。

这个王小帅可不是普通人，他可是有身份证的人。

据查，王小帅真名叫王帅，真实的身份是山东省济南市商河县副县长。我去商河县人民政府官网里看了一下下，王帅是排名最后一位的副县长，负责商贸经济工作，分管县商务信息中心、县商业总公司；协助该县常务副县长陈晓东分管通用机场项目和农村清洁取暖工作；协助曾任副县长、现任县委常委统战部长的孟庆华分管科技工作。

视频里，王帅还说了不少时下网上流行的话，总之，就是十分卖力地在推销当地的扒鸡。

看完视频，我就想给王帅点赞。多数官员到了副处级这个位置，就有点放不下下了，尤其是对着摄像头，一开口就是领导讲话的口吻，但这个王帅副县长居然没有，反倒是有点网红带货的样子。

视频流出后，有媒体记者去采访他，问他拍视频的经过。他说，为了拍视频，临时补课学习了李佳琦卖货的视频。开始几遍，都太严肃，被工作人员否定了，经过一番调整才进入状态。

过去，只要上屏幕的官员，都是一个面孔，呆板、严肃。官员们所谓的晕镜头，就是因为在镜头面前不能个性化、不能活泼、不能说人话。平日里说各种冠冕堂皇的话，甚至是说那些自己根本就不信的话，都是照着稿子念，现在不让念稿子还得面对摄像机，不晕才怪。

这样的官员形象，让大家厌倦，也让大家生疑，面对面的官员分明不是这样的，分明是鲜活的，怎么一上屏幕就像一个机器人一样总板着脸呢？他们说的东西，自然很难让人信服。

最近几年，官员们的形象丰富了很多，很大程度上是因为各种新兴的舆论平台把他们还原成了人。是人，就有正常的喜怒哀乐，就有小瑕疵，就跟日常见到的一样，这样才真实。

前不久，我还写过陕西洛川的县委书记带着一群当地的基层官员唱歌卖苹果的事情。县委书记歌唱得很一般，但很投入，很认真，为了让当地的农民多卖几箱苹果，人家根本不在乎自己唱得好不好、是不是会出丑。再说，看视频的人看到的满屏皆是地方官为发展经济、农民增收作出的努力，没几个人在乎他们唱得究竟好不好。

王帅在视频里还表演吃扒鸡，大概是为了录出最佳效果，反复拍反复吃："我本来喜欢吃扒鸡，但吃到第四只的时候，有点撑了。"

说完这句，王帅自己忍不住哈哈大笑起来。看到这，我也忍不住哈哈大笑起来。这样的县长，可爱，真实。

不过，王帅说这段视频火起来后网络上有人质疑他："一方面是说我不务正业，直播不是县长该做的事，县长应该解决大问题；还有人质疑作秀。"

说这些话的人，估计还活在20世纪90年代。

什么叫不务正业？王帅是每天都在直播吗？是放弃了日常工作把直播当日常工作了吗？他分管该县商贸经济工作，出镜帮当地卖特产,这就是他的本职工作啊!

副县长上网卖扒鸡,有利于地方经济发展,有利于当地老百姓增收,这难道不就是王帅作为分管商贸经济的副县长该做的正事吗?

说这些话的人,难道觉得县长们天天坐在办公室开会才是正事?

还有人说,"县长应该解决大问题"。这话,一股子让人讨厌的、陈腐的、老干部特有的官腔。王帅副县长直播帮当地卖扒鸡,能让老百姓增收致富,这就是大事啊。在一个小县城里,还有比让老百姓增收致富更大的事?

在这些人眼里,给老百姓做点具体的、可带来直接利益的事情,怎么就成了小事呢?你们所谓的大事,难道不也是为了让当地民众富一些、日子好过一些吗?

这些没有脑子的风言风语,让我想起2012年采访时任湖北省鹤峰县委书记杨安文时的一段对话。

当时我问他:有人说你作为一个县委书记,太爱管小事了。

杨安文:确实有些人挖苦我,说我管细了。你好大的官啊,这细了那粗了?我看见有些司机包括领导机关的司机,领导去办事了,他一直不熄火,领导办事办多久他就点多久。这是小事,但这能看出我们领导者的管理,一个车都管不好,怎么管理一个单位?你的司机你都管不了,是不是有什么把柄被他抓住了?社会上的不公平、铺张浪费、赌博、打架等社会治安问题如果都是小事,那什么是你心中的大事呢?

杨安文这话,可以稍作调整用来回击那些说副县长该管大事的人:"你多大的官啊,这大了那小了?"

2019年12月28日

县委书记公布手机号何以能成热点

11月12日晚间,甘肃榆中县的官方微信公众号"榆中发布"公示了榆中县16名县级领导干部和89名乡镇部门主要负责人手机电话,并详细介绍了每人具体的职务、分管工作。

榆中官方这么解释公布官员们联系方式的初衷:为进一步促进全县各项社会事业健康快速有序发展,现将各级领导干部电话予以公布,请您对我们的工作进行监督,并提出合理意见和建议,帮助我们把工作做得更好,我们将充分吸收,分析研判,积极采纳。

"榆中发布"这个官微平时只有几百阅读量,这则公布官员手机号的公示破天荒阅读到了4万多。这种变化,大概可见民众对于官员公布手机号这种行为的"少见多怪"。

除了"少见多怪"引起了围观,从文后的读者留言看,民众对榆中官方的这种行为也是极为赞赏的。

不过大家要知道,官员们公布手机号的事情并不是第一次在中国发生,已经有其他一些地方这么做了,无一例外都受到了热捧。

早在2007年,湖南郴州的桂阳县就有过类似的探索。当时,桂阳县不仅仅是公布了县官们的手机号,还开放了县委县政府大楼,只要你拿着身份证登记就能轻松进入桂阳县的党政大楼。

进去后,你会惊喜地发现,一楼大厅里不仅公布了时任县委书记、县长、县委常委、副县长、副县级干部的手机号,还公布了他们分管的工作和办公室在几楼几号屋,你可以按照公布的信息轻松找到任何一个县级官员的办公室。

这么一来,老百姓不仅可以轻松进入当地的党政大楼,并能轻松找到想找的县长书记等县官。就算想找的县官不在办公室,也可以通过公布的手机号找到他预约见面的时间地点。

过去,很多地方县委书记、县长的办公室根本不挂牌,而且党政大楼一般老百姓轻易进不去。就算你进了大楼,找里面工作的基层官员问书记县长的手机号、房间号,也没人愿意告诉你。

2013年,桂阳县党政大楼里的工作人员就告诉我:领导不主动公开,来访者问书记县长的房间号和手机后,秘书、保安等都不敢说。

当时我问时任桂阳县委书记:如此敞开,不怕出事?书记笑答:出什么事?我开门办公这么多年也没挨打啊!

2012年,山东的临邑县还公布过县委常委们的座驾,车牌号都公示在县财政局的门口,当地民众对官方的这一举措也是极为赞赏。

比起来,桂阳县当年的做法比榆中县步子迈得大得多,但榆中县这一次公布县官们的手机号还是得到了很多好评,引起不少媒体的关注。可见,老百姓过去想跟县官们说几句话有多难,更别说见面聊了。

官方的这类革新举动总是能得到老百姓的热烈欢迎,证明老百姓过去见官难。

行政诉讼中,民告官却总不见官,《行政诉讼法》修改后,硬性规定民告官的案子行政首长必须出庭应诉,大概就是为了解决民告官却见不到官的问题。

现实中,别说民告官难见官了,老百姓就算不是告官而只是简单想跟县委书记、县长们见个面反映个情况说几句话都很难。所以,一旦有个地方主动公开了官员们的手机号,对老百姓来说就是一件天大的新鲜事、高兴事。正是从这个角度看,我觉得榆中县公布当地官员们的手机号是值得肯定的。

榆中县公布官员们的手机号,这是自选动作,这个自选动作值得一赞。

2019 年 11 月 15 日

"美女"当官

这几年，只要容貌稍微端正一点的女性被提拔，就会引起关注。若是容貌姣好的女性被提拔，那就不得了，铺天盖地的嘲讽甚至辱骂接踵而来。

最近发生这种情况的，是云南省德宏州瑞丽市。11月10日，该市市委组织部公示了24名市管干部，其中瑞丽市融媒体中心二级播音员伏玉洁拟任该市投资促进局副局长。

从公开的照片看，伏玉洁不属于容貌稍微端正一点的女性，而是容貌姣好的，难免也会有非议。

正如我开头说的，别说伏玉洁这种确实容貌姣好的女性，就是长相一般的女干部被提拔，都会引起非议。

前一阵子，安徽黄山公示了一个女干部，也遭到各种质疑。

2019年8月19日，黄山市委组织部发布的干部公示中，时任黄山市委政法委政法队伍建设指导和宣传教育科科长的女干部邵茵，拟任该市市委政法委政治部主任。公示特别交代，邵茵基层工作经验不足两年，因工作需要破格提拔，已上报上级组织人事部门同意。

当时，不少人希望我说说这件事，但我觉得黄山这个人事安排没有多大问题。

首先，看邵茵的年龄：1973年1月出生，46岁了，马上就47岁。干到这个年龄还只是一个地级市政法委的科长，基本可以判断她不是有什么家族背景、家庭背景或者上面有人的那种女干部。在地级市熬了20多年才熬到副处，并不过分。

其次，邵茵有一定专业能力。2018年11月8日，黄山市司法局发布的《关于邵茵等5人申请颁发公职律师、公司律师证书的公示》。公示称，拟同意中共黄山市委政法委员会邵茵等4人申请颁发公职律师证书。

公职律师不是谁想干就能干的，要想当政府公职律师，要符合《律师法》中关于律师执业应取得律师资格和律师执业证书的条件，比如要过司法考试。司法考试很难，邵茵能考过司法考试，说明她的专业能力过硬。

有一二十年的实际工作经验，又考过了司法考试，邵茵应该算是黄山市政法委的专业人才，46岁了，破格提拔一下也不是什么了不得的事情。

破格提拔长期在政法委机关的邵茵去县市区当分管工业、经济的副县市区长，那可能有点不太合适，但让本来就在政法委工作的她担任政法委的政治部主任，可能没什么不合适的。政法委政治部主任这个岗位，虽然是一个副处级岗位，但并不是一个天天要跟老百姓打交道、处理基层民众诉求的岗位，基层工作经验未必是这个岗位必须具备的条件。

这就是我对女干部邵茵被破格提拔的态度。

回头再说伏玉洁，也是年龄不小了。公示显示，伏玉洁1983年出生，现年已经36岁，这个年龄才拟提拔副科，基本不属于在地方上太被重视的，更不属于破格提拔，看不出有什么违规的地方。

此外，当地的投资促进局主要是从事对外的政策研究和招商引资工作，领导岗位的首要要求是要具备和人的沟通协调能力和语言表达能力，伏玉洁过去的从业经历完全与这样的岗位要求匹配。

不严肃地说一句，以伏玉洁的外形容貌，平日里为人如果不严肃，恐怕早就副处了，何至于到这把年纪才混个副科呢？

女干部不是不能质疑，但最好参照法律法规，而不是拿她们的容貌说事。比如伏玉洁，质疑她的人若是有她违法违纪的证据，那当然是有效的质疑，无有效的证据，又没有发现她有违反干部选拔条例的问题，随意指责那就是不负责任地乱来。

官员不是不能质疑，也不是不能质疑女性官员，而是不管质疑什么性别、年龄、领域的官员，都要有根有据，不能一看到女干部就多想，仅仅凭借"女干部"＋"提拔"这些吸引眼球的关键词就随意质疑别人。

外形好看，是一种美，美就是美，美本身没有错。美只要与权力无利益输送、交换，就应该被尊重，不应该被无端批评指责抹黑。因为美就要遭受莫名的指责，那长得好看的人就都不能当官了。这是对美的歧视，也是嫉妒。

2019年11月13日

湖北这一波的官员电视秀让我追了半个月

最近几天，才一直在追看湖北操作的一波官员电视秀。

9月2日开始，湖北十几个地市的市长们操着浓重口音的普通话陆续在电视屏幕上露面。

一一看了，他们说话的感觉，虽然谈不上耳目一新，至少少了很多中年官员的油腻感。看完照片，诸君应该看出来了吧，他们在为各自主政的城市旅游代言，不那么油腻，大概是因为不是开政务会议而是在说旅游这种很轻松的事情。

特地看了一下我老家市长的视频，带着他老家口音的普通话听起来很亲切，其他各市的市长也都还好，恩施州长刘芳震略显拘谨。

这是我第一次看到关于老家旅游文化的宣传。人会关心自己的老家，这是很自然的心态，正因为这种心态，这样的代言会受到当地民众的关注。

几年前，山西卫视在山西省委省政府的支持下办了一档推介各地市旅游的节目，叫《人说山西好风光》，各地市书记市长上屏幕竞赛，推介各自的旅游景点、美食小吃等，非常火爆。

因为是竞赛，各地政府对当地的民众会有一些号召，希望他们参与到投票中，但也有大量的老百姓自发投入其中。我这种外地人也被吸引了，还去采访写过一个报道。

当时为了写这篇报道，去了山西，在太原采访了大同市委书记张吉福，时任吕梁市长王立伟。他们两位，都在我住的酒店房间里长谈数小时。后来还去运城采访了时任运城市委书记王宇燕，电话联系了时任忻州市长郑连生，还采访了几位地方上分管旅游或者上节目的政府副职。

总决赛的时候，还去了北京的演播厅，现场采访了时任临汾市长岳普煜和夺冠的张吉福。

此外，在太原还采访了山西电视台台长郭健、山西卫视总监陶亿笑、《人说山西好风光》的导演宫巧利等多名这档节目的策划和原创参与人员。当然，还采访了好几位山西的旅游投资者和节目的冠名商。

那是我第一次近距离观察电视媒体同行的工作。跟我这类报社的文字记者比起来，他们的工作更复杂，也琐碎多了，工作强度也大多了。当然，可能也正是因为山西卫视当时那帮电视人的努力付出，那档节目当时才那么火。

这趟采访，前前后后花了近10天的时间，采访了二三十人。花这么大精力，是因为当时以一个时政记者的角度看，山西的地方官们在经历了塌方式腐败之后整体都很压抑消沉，官场形象趋于沉闷，这档节目给了他们一个展现另一面的机会，他们在舞台上也确实让外界看到了不同的山西官员形象。所以我当时说，这个节目给了山西官场一抹亮色。

当时，山西的经济因为煤炭价格的一路下跌而处于低迷状态，好多县工资都发不出来了，靠煤吃饭不是长久之计，也严重破坏生态，发展旅游对山西来说确实是既有利于改善地方生态又能拉动发展地方经济的转型之路。

当时还有一个个人的想法：过去，官员们更喜欢搞大基建、大化工，似乎只有这类大手笔的项目才能显示他们执政的水准，对于旅游文化这些领域的发展多数都并不是太重视，一个非党的副市长分管就完事了，党政一把手很少会出面给旅游站台和代言。所以，一把手们出来给旅游代言，是我个人很欣赏的事情，应该鼓励与宽容对待。

前不久，山西阳曲县委书记裴耀军直播推介当地的小米，也吸引了好多网友。

这个裴耀军，上网上电视替当地的农产品代言已经不是第一次了，2018年他还是县长的时候就上央视推销过当地的小米，可以说他卖小米一路从县长卖到了县委书记。

确实应该这样，虽然卖农产品的利润很低，比起那些大项目、大基建对税收和"鸡地屁"的贡献小很多，但农民直接受益。正如搞旅游，发展第三产业、服务业，同样对税收和"鸡地屁"贡献不大，但普通民众直接受益。这些事情，与那些大项目一样重要，但与民生更近一些。

支持湖北的市长们多多给地方的旅游代言，尽管因为没有竞赛的氛围湖北这一轮官员电视秀跟山西当年的那一波操作比起来弱了一些，但湖北这一波操作也让人看了心生欢喜。

2019年9月15日

傍晚组织部突然来电

五名处级官员的年龄问题

下午 6 点 30 分,正在择菜准备晚饭,突然接到黑龙江省伊春市委组织部的来电。

来电者自我介绍说,是伊春市委组织部干部监督室的工作人员,要向我通报一件事。

事情要从几天前接到一个情况反映说起:3 月 30 日,有读者来信反映,伊春市委组织部 27 日公示的处级干部中,有多人参加工作的年龄比较小,十分可疑。

我看了一下,确实有几个人的简历显示他们参加工作时的年龄较小。

比如,拟任铁力市委常委的副市长许志国,1973 年 10 月生,1989 年 7 月参加工作。按时间算,许志国参加工作时还不满 16 岁,只有 15 岁多。

此外,拟任伊春市体育局党组书记、提名为市体育局局长的王巍,1973 年 4 月生,1989 年 12 月参加工作,当时不满 17 岁。

现任伊美区委副书记、政法委书记,拟任市供销合作社联合社党组书记、主任的高爱民,1969年3月生,1986年6月参加工作,当时刚满17岁。

拟推荐为铁力市政府副市长人选的铁力市公安局局长娄海龙,1963年7月生,1980年11月参加工作,当时不满18岁。

现任伊春市政府办公室常务秘书室主任,拟任市政府办公室党组成员、副主任的姜庆谊,1981年12月生,1999年7月参加工作,当时不满18岁。

以我的经验判断,这些人不一定是履历造假,有些特殊情况可能会导致参加工作的年龄比较小,比如那个年代有很多初中毕业或还没毕业的人参军,参军就算工龄。

这些都只是猜测,也不能随意排除履历造假的嫌疑,应求证。

3月30日上午11点20分,我拨打了伊春市委组织部公布的12380电话,对上述几名处级官员参加工作时年龄偏小的问题提出了疑问。

接电话的工作人员做了详细记录,表示下午即向领导汇报,核查之后会回复,并记下了我的姓名和手机号码。

4月1日傍晚来电的该组织部干部监督室工作人员介绍,经过核查,上述5人的情况如下:

许志国,1989年进入伊春的新青木材加工厂,并办了小青年关系。小青年关系,是当地特有的历史时期的一种身份,计入工龄。1990年初,许志国入伍参军。这些档案里都有记载。

此外,伊春市的林业曾一度很辉煌,当时的政策允许林业职工的子女接班,有些林业系统职工的子女初中毕业甚至没毕业就接了父母的班。王巍和高爱民都属于接班,参加工作时的年龄较小;娄海龙是参军到了部队,工龄是从入伍开始计算的;姜庆谊是中专毕业参加工作的,参加工作时年龄不满18岁。

向我反馈情况的工作人员表示,这些情况档案里记录得很清楚,他们的第一学历都不是全日制本科，都是工作后通过函授获得大专或本科学历。

这些解释，符合当时大的历史背景，完全能接受。伊春市委组织部有疑就释的态度，也让人完全接受。

纪委干部疑曾被冒名顶替

前一段时间，还接到过一个情况反映。

2019年12月底，河南有个地级市的区纪委干部来信称，去银行办业务时被告知，银行的记录显示她在平顶山中级人民法院工作。

她记起1999年自己曾参加过该法院法警的招考，后来面试没过落选。心有疑虑的她调查发现，平顶山中级人民法院现在居然真的有一个跟自己名字一模一样的女性法官。她怀疑，自己当年被冒名顶替了。

她把自己的身份证照片发给了我，然后我查了一下，她确实在河南的另一个地级市的区纪委工作。

当时有过先写稿子抛出质疑再等回复的念头，但想了想，虽然她是纪委的工作人员，但这个身份并不等于她说的就是事实。这事，会不会就是巧合呢？

我联系了平顶山中级人民法院的有关处室。2020年1月6日，平顶山中级人民法院的相关处室回复称，经调查核实，该法院确实有一个与当事人同名同姓的人，但是1997年大学毕业后分配到法院的，并不是1999年招考进的法院。法院表示，欢迎我去法院现场核阅档案，也欢迎当事人去法院核阅档案。

总有读者在后台留言问：你写文章经常点名道姓，但极少犯错，这是为什么？上面讲的这两件事，大概可以回答这些读者的疑问：没有别的，谨慎，指控任何具体的人和事都要有理有据，没有十足把握，不轻易动笔。

或许有人又会问，按我过去的写作风格，不是先曝光再等官方回应吗？呵呵，先写再等回应，那也是因为有把握没弄错。对于没有把握的事情或者已经能判断可能事出有因的情况，先写出来留个悬念可能会吸引眼球，但对当事人极可能造成误伤，这么做是不负责任的。

常识很重要

昨日我作文议论最近相继出现的教育局局长当法院院长、镇长当法院院长现象，涉及"外行领导内行"的问题，有那么一两个读者对我进行了批评：你总在说外行不能领导内行，你没在组织部工作过，为什么要经常对组织人事的问题指手画脚？

首先，我指出的组织人事问题多数都是常识问题，不是什么高深难懂的问题。

比如有些干部三五个月就换一个地方，一年换几个位置，这显然是违反任期制规定的；过去有些部门在没有挂职和机构整合的特殊背景下却配备十几个副职，显然也是违反领导职数规定的……

再比如前一阵子媒体报道某个领导，大学毕业五年多就飙升到副厅。《领导干部选拔任用条例》规定得很清楚，副科、正科、副处、正处到副厅的晋升，每一步都有任职时长的要求，破格提拔也有明确的限制，连续破格提拔更是有严格的限制。把此人的履历跟条例一比对，就很容易发现他的提拔有多处违规的地方。

各种法律法规和条例制度里明确写着的，都是常识，稍微爱学习一点的人都应该去学习这些常识。懂常识，就不容易被骗，不容易被忽悠，遇到不法侵害就可以据法力争，依法维护自己的合法权益。很多人不懂常识，所以常常被违法侵害了不知道怎么给自己讨说法。

对于时政观察者来说，《中国共产党纪律处分条例》是常识，《党政领导干部选拔任用工作条例》是常识，《公务员法》也是常识。掌握了这些常识，就很容易发现那些违背常识的人事问题。

对于开车的人来说，《交通法》是常识，血液中的酒精含量达到多少是酒驾、多少是醉驾也是常识，酒驾会受到什么处罚、醉驾会受到什么处罚也都是常识。掌握这些常识，你就可以发现某个官员血液中的酒精含量明明达到了醉驾标准却只被行政拘留了几天可能就有猫腻。

这两天很多人在关注四川凉山的山火，具体怎么扑救山火，如何研判地势、气候、风向等因素对火势的影响，我作为外行当然不能说什么，但不能让不具备灭火技能的农民去对付复杂凶险的山火这种常识我能说吧？

这种常识不需要说吗？财新报道，此次遇难的19人，有18人是宁南县的打火队员，可这个打火队成立仅仅三个月，因为疫情成立后队员并没有得到有效的培训，很多人是农民或者当地的小生意人，根本不是专业的打火队员。专家也认为，这类非专业的打火队，根本不应该到复杂的一线去。

正是因为有些指挥者不尊重这样的常识，才导致了如今惨痛的伤亡。

有些问题的发现，真的不需要太专业，只要懂常识就行。但是，让教育局局长和乡镇长去法院当院长"重点审理重大、疑难、复杂、新类型和在法律适用方面具有普遍指导意义的案件"，靠常识就不行了，这需要非常精深的专业知识和丰富的司法实践经验，当然不能让外行干。

另外，这个读者点破了一个很关键的点：我这个外行之所以经常敢对有些问题指手画脚，就是因为有些地方经常出现很多常识性的低级错误，容易被我这种外行发现。

如今，很多人不顾常识、不懂常识或者是假装不懂常识，所以常识性的错误随处可见，常识性的问题数不胜数，我致力于普及常识、强调常识、叙说常识的写作因此有了价值。

2020年4月2日

第四章

所有的善意

第四章　所有的善意

帮到你是我应该做的，没帮到也请别见怪

　　几乎每天都有各种人通过各种渠道来寻求帮助，有些人，几乎每天都坚持给我发信息，甚至质问我，为什么不回复。来信实在太多，无法一一回复，仅以下面这些以前零零碎碎说过的文字一并回复。

　　最近这些年，每年都接到大量陌生人的求助信。偶尔，还有一些认识的人求助。面对这些求助，大多数时候我只能表示无能为力。

　　2017年2月，有几个陌生的湖南人向我反映一件事，大意是一群人被一个所谓的民间借贷骗了很多钱。这几年，民间非法融资很常见，媒体也报道过不少，但仍有很多人因为贪欲继续跌进这个深坑。

　　对经济纠纷的事情，平日里我几乎是不介入的，原因有很多。

　　比如我对经济类事务不太懂，轻易介入自己不懂的领域很容易出错；另外，作为个人，介入某两群人的经济纠纷，容易瓜田李下，虽然清者自清，但不了解的人容易误会，我没有精力去解释，但造成误会后会影响我做其他事情的效率和质量。

　　还有一个更重要的原因是，有些事情，需要耗费太多精力去调查，个人不可能耗费大量的时间精力物质去调查，而不调查绝对不能轻易听信某一个方面的陈述就冒失发言。

此外，微信公号，作为一个个人属性更强的平台，只能做点自己感兴趣且个人有能力搞清楚的事情。我，有自己的兴趣点。

基于种种原因，我回绝了对方希望介入的请求。不料，对方几天后给我留言，指责我写的官员简历造假这类文章不如他反映的民间借贷更有价值。对方质问说：你不觉得××市民间借贷崩盘一事更有必要予以关注、深入分析、揭露以启迪民众、社会吗？

这几年，遇到不少这种求助不成就诸多不满的人。还有一些人，因为拒绝了他们的求助就说你胆小不敢管事或者没有正义感。这类，不值得多说。

有一类人甚至喜欢用激将法：有个事情，你敢报道吗？老实说，这种说话方式很让人厌恶。偶尔，面对这样的激将法我会直接回复：对不起，我不敢。大多数时候，我会耐心询问究竟是什么事，心想万一对方真的有很重要的事情要反映呢？

然后，对方一般说的是一个村官或者一个在镇里有亲戚的邻居如何欺负他之类的事情，我表示介入不了。于是他说：你连小小的村干部都不敢管，还能管什么？

这世道，满心只有自己利益的人太多。这本无可厚非，但要强求别人都必须来关注重视他的利益，那就有点过分了。大多数时候，我都是很耐心地回复这些人：你反映的事情，对你个人而言是件大事，但对于我来说，算不上事。我只能表示同情，并给出一些建议，比如建议去诉讼或者合法信访。

还有一类人，自己的事情需要帮助，但还躲躲闪闪，生怕自己暴露。你的事情，自己都不去尽力，都不敢豁出去，说明你还没被逼到墙角，这个时候就指望别人来帮你，呵呵，对不起，我忙得很，没有那么多工夫替你跑你自己都不愿意跑的腿。

为了自己的事情，你得用心尽力。假如你的房子遇到了拆迁，你不知道怎么应对，别急着来找我，上网搜搜，看看媒体这些年报道了多少这类事情，看看人家是怎么维权的，看看人家都想了哪些办法，然后一一去试一试。你的房子要被拆了，不管赔多赔少都比我富裕，你却想躺在家里等我去给你出头争取多赔几个钱，你好意思？

自己的事情先得自己办！不懂法的赶紧学法，不想学的赶紧请律师，能打官司的赶紧去起诉，需要依法信访的赶紧去逐级依法信访。只有人人懂得并善于替自己出头，这个社会才有希望。

再强调一遍，我在这个微信公号上写的文章，多数是凭个人兴趣，感兴趣的就写，不感兴趣的自然不写；还有一些自己身边人遇到不法侵害之类的事情，我不能六亲不认视若无睹置之不理，那也得管，但任何人强求不得。

谨以此文答复那些对我还有期待的人们。不管怎么样，还是要感谢你们，但请你们也理解我的有所为有所不为。我若帮了你，不必言谢，这是我自诩作为一个读书人应尽的本分，我也不觉得对谁有恩；来求助若没有得到满意回应，愧对了，很遗憾，也不要怪我，这是我自诩作为一个读书人的自由。

前几日，还有人在后台留言问我如何打赏，随后提出了希望我给予帮助。对不起，即便穷死，我也不打算用这样的方式出卖自己的文字。打赏不打赏，皆是诸位读者的自由，但绝对不要希望以此来换取我的关注。如果你打赏是希望换取我的关注，那对不起，请别浪费你的钱，攒着去请个律师吧。

做个热心人

最近，收到很多来信，反映各种地方上的事情，都希望我写一写。对这样的期望恕难从命，我能力有限、精力有限，不可能每件事都单独写一篇文章。

有些来信情绪很激烈，让我很不安。

前几天，河南某市出现了一起因拆迁而起的命案：当地一名住建系统的职工开车把凌晨去准备强拆其父房屋的该区卫生局干部撞死了。这件事凑到一起，让我更不安了，而我原来劝解大家的某些文章已经无法阅读，所以不得不再次跟大家聊一聊。

很多事情，时机很重要。冰冻三尺，非一日之寒，历史遗留问题迟迟不能解决，必然是解决起来有难度或者有阻力。有些事情，可能现在的主政者解决不了，换个人来可能就解决了。

举个小例子：武汉曾对跨江的几座大桥和过江隧道收取过路费，往返汉口、武昌、汉阳的中心城区走这几座桥都要交 8 块钱过路费，这项收费每年高达 9 个多亿。武汉人怨声载道，一直呼吁取缔，中央电视台等多家媒体多次曝光无济于事，市委书记曾公开对政协委员们说，因这个收费他挨了很多骂，但他取缔不了。2017 年春，武汉换了市委书记，我给新任市委书记写了一封公开信呼吁取缔，结果秋天武汉就宣布2018年起取缔该收费了。

身边存在的违法犯罪行为，暂时没有受到惩戒和制裁，可能是因为保护伞还没被挖出来，暂时推不动，保护伞倒了，事情可能也就迎刃而解了。

有些事情解决起来也确实需要时间，如果很容易就解决，估计绝大多数问题早就解决了。再说大家遇到的麻烦事不是一天两天了，已经等了这么久，不妨再等等。

我曾对一位来信激烈的河南读者说了这样的话：你是受害者，不要变成施害者。不要陷在这件事里，毁了自己的生活。

人活这一辈子，不得不面对这样那样的困难与挫折，但不要轻易放弃希望。我们，需要更坚韧一些。刚强固然可贵，坚韧也很难得，而且恐怕更持久。

在以前的文章里曾说过，我在这里写文章，多半是因为自己的兴趣，大家不要做过多的指望，该请律师的请律师，该去法院起诉的起诉，法律救济的途径大家还是不要放弃，这些法律途径过去没用不等于现在没用，现在没用不等于将来没用，万一因为人事变动、大环境的变化有用了呢？

蛮干没有用，多学习一点法律，多讲一点方法，对于解决问题可能更有效。

很多事情，外地已经有处理的先例，不妨去收集一下这些先例，看看人家是怎么处理的，看看外地是怎么处理的，从已有的类似案例中应该是可以找到一些可以学习的方法的。卖惨有时候有用，但光靠卖惨可不行，还得有其他的方法和策略。

现在骗子很多，各种骗子五花八门，有冒充官员自称可以帮你找到北京某个关系的，有冒充记者自称可以帮你曝光的，大家都不要轻信。手里有钱，就去请个正经的律师。当然，律师里也可能有骗子，也要当心。总体来说，发生在局部地方的事情，请外地律师比请本地律师强一点。

另外，多关注关注别人的事，别埋头只管自己。平时别人有事你不关心，你有事的时候别人凭什么来关注你呢？事不关己，高高挂起，等你有事，别人也可能视若无睹。做个热心人，积极一些，身边的人遇到了麻烦事，量力而为，能援手的援个手，能帮着喊一嗓子就喊一嗓子，不能动手帮忙帮个腔也是好的，袖手旁观可不好。

上面这些话，有些是以前反复说过的，因为已经看不到了不得不再次重复。有些话，是我这两天才想到的，第一次跟大家说。总之，希望对大家有点用。

2019年7月10日

第四章 所有的善意

为何你遇到的麻烦无人关注

最近几年,几乎每天都收到求助信息,五花八门,但是能成为写作线索和文章素材的,只是占比极小的一部分。

原因很多,来信也很多,我不可能逐一回复。鉴于很多人不明白,以前写过《请你们更认真对待自己的事情》,今日再补充一些常识。

第一类人,是要求我加微信或者要我的手机号,要求直接讲述、倾诉。

我一贯的原则是:先提供邮箱(chuzhaoxin111@126.com),请大家把想反映的事情写个大概发到邮箱。

有些人偏偏不,坚持要加微信或者要手机号码。对不起,我有自己的生活,有自己的行为习惯,比如不喜欢接电话,不愿意公开个人的微信号,不希望被过度打扰。

有些人回复我说,不会发邮件。

一方面口口声声说自己走投无路,一方面连去学个发邮件都不愿意,那说明很多网络求助的路径你根本都没试,反倒要你求助的对象迁就你,牺牲自己的部分隐私和不希望被过度打扰的权利,这说明你没有同理心,只顾自己不考虑别人的感受,而且目前的处境还远没有到自称的走投无路那一步。

真走投无路的人，一定会考虑我的建议，去学习怎么发邮件。要知道，发邮件并不难学。

不愿意付出，自私，是这类人共性的问题，这类人很难让人有好感。

第二类人，会没头没脑发一大堆聊天记录、短信截屏或是看不出所以然的照片。

你如果有事希望得到媒体或自媒体关注，那就得自己花时间总结提炼一下，用简单的文字说服我为什么要关注你的事，而不是要求我从一大堆杂乱的信息里去自己发掘点儿什么。

说服我关注你，这事得你自己做。

第三类人，已有的救济途径没有走，坐在家里等着别人伸手帮忙。

你的工钱被拖欠了，你得先去劳动部门求助，还可以合法信访，还可以去法院起诉。这些办法你都没去试过，就哭着喊着没人管你，这样没说服力，也显得你对自己的事情不上心。

如果你对自己的事情都不上心，就不要指望别人对你的事情上心。当你向社会求助的救济路径都走了，还是无人理会，而你又确实遭遇了不公对待，再向媒体或者自媒体求助，不要滥用媒体。

第四类人反映的情况，是我一贯不会介入的类型。

最近几年，经常有人说自己受骗投资了某个项目，结果这个项目没有赚到钱，老板跑了，自己血本无归。

首先，如果是诈骗，应该到公安机关报警。如果不是诈骗，纯粹是你投资的项目确实黄了，那我认为正常，没有哪个人应该保证让你的投资百分百赚钱。投资有风险，投资失败是正常的，也不应该滥用媒体。

还有一些人是自己的心态本来就不好，投一些在法律边缘的事情，或者事先就明知是不太正当的项目，想暴富，结果项目因不合法被相关机构打击了或者崩盘了。这种情况，我也不想介入。

第五类人反映的情况，是与其发生纠纷的对象同等都是普通老百姓。有些农民或者市民，说与自己的邻居发生了矛盾，这不是媒体应该关注的。媒体的职能，不应该是介入两个普通人之间的纷争。

还有一种情况，那就是经济纠纷。我早就说过，个人不喜欢介入经济纠纷，尤其是双方地位对等的民事纠纷，这些事情该去法院去法院，该去仲裁去仲裁。

说了这些个人不会介入的情形，下面以子洲82个农民工被拖欠工资的事情为例，说说为什么会关注远在陕西跟我八竿子打不着的事情且关注起了作用。

这件事，我发第一篇文章是2019年12月12日，当地官方当日就介入了，2020年1月10日，被拖欠的300多万元工资如数发到了这82名农民工的手里。

从我的公号介入到解决，时间不到一个月。

首先，农民工的对面，是用工企业，两者所处的社会位置、拥有的社会资源不对等，而且该企业还有大量的地方国资，这导致双方的不对等程度更加严重。这，在媒体或者自媒体关注的范围之内，也是媒体和自媒体研判是否值得关注的一个重要因素。

其次，求助要有道理。子洲这82人被拖欠工资，有县劳动监察大队的官方认定，不是这82人的一面之词。媒体或者自媒体的存在，不是去帮助那些自以为弱势但其实并没有什么道理的人，并不是弱就一定有道理，媒体介入公共事务需要有理有据。

最后，地方的相关机构在处理这件事的过程中存在明显的问题。子洲县劳动人事争议仲裁院以人员数量达不到法定规定为由拒绝帮助农民讨工钱，这违反他们为人民服务的初衷，而且理由十分可笑，属于明显的不作为。

这一点很重要，这涉及公共利益，也是新闻点。没有这个新闻点，子洲82名农民工讨工钱的事情不会引起如此高的关注度，也不会如此快就在当地地方党委政府的督促下迅速圆满解决。

总结起来就是：如果你想让自己遇到的麻烦受到舆论的关注，你得有道理，没有道理的事情靠哭靠闹靠装弱势，在我这里都没用；你的对方是一个机构或者政府部门，双方的能力、社会地位不对等，对方存在明显的瑕疵或者是失误，这种失误或者瑕疵不仅仅会使某一个人陷入困境，也会使其他公众陷入困境，这样才可能引起我的关注。

以前也写过一些相关的文字，希望对大家有用。快过年了，早点解决各自遇到的麻烦，开开心心过年。

2020 年 1 月 15 日

第四章　所有的善意

我在这里写作，不是为了让你高兴

最近有读者留言，说不喜欢我的某篇文章或者某篇文章中的某个观点，认为我应该按照他的某个意思写。

这些读者多半是最近关注我的，因为老读者都知道，我向来不关心读者喜欢看什么，而只写自己想写、愿意写、能写的。

前一阵子，还有人觉得我对读者不友好。在我看来，所谓的对读者友好，就是取悦他们，迎合他们的阅读兴趣。

对不起，我在这里写作可不是为了迎合你们谁。虽然有自我审查，但不是迎合，是为了避险。

微信公号写作即将满7年了，这7年，我一直把写作当作一个自我表达的方式，不是替普通读者代言，更不是替什么利益团体代言。大概是因为平日里经常打抱不平，让一些读者误以为我是替他们代言的。

于是，他们会给我留言或评论。有些留言评论，针对具体文章给予就事论事的肯定，或者提供了信息增量，后台会放出来分享。但因为上面说到的误解，让有些读者看到我的文章符合他们的心意时就大肆表扬甚至吹捧，用很多大词，说我像某某或者某某某。这类我特

185

别不喜欢的留言每天都有，但一个都不会放出来。

必须针对上述误解说几句：有些文章我那么写，只是我觉得有些事情本来就是这样的，应该那么写，我在表达自己，表达自己的想法、传播自己获得的信息，根本不是为了取悦读者。

也因为误解，有些读者只要看到我文章与他期望的不一样，就觉得我偏了，于是留言试图要指导、引导我写文章。

对这类留言，我觉得言之有理的会放出来跟大家分享；若觉得没有道理，一般不会理睬，也不会放出来，正如那些用大词吹捧的留言也没有被放出来一样。偶尔，有些特别不靠谱的留言被放出来的目的是为了示众，不是表示我赞同。

有些人或许要质疑我，你不是一直在说要允许不同的声音存在吗？

是的，我们应该允许不同的声音，但你们不要把不同的声音理解为胡说八道。不同的声音，在我这里的理解是针对同一件事言之有理的另外一种或者几种声音。

比如，我说自己微店卖的丑橘酸酸甜甜，这是我个人喜欢的味道，你可以说自己不喜欢酸酸甜甜，喜欢只甜不酸或者酸的，也可以说为什么觉得只甜不酸或酸的更好，但你不能说我喜欢酸酸甜甜不对并要求我必须喜欢甜的。再比如，我明确说了微店卖的丑橘酸酸甜甜，不喜欢酸的不要下单购买，你偏要买，买完吃了觉得酸要我退款，被拒绝后开始骂我是黑心微店。

还有些人留言评论言之无物尽是叫骂，这些不属于不同声音，属于不讲道理，也是污蔑与构陷。这样的所谓不同声音，当然都不会放出来。

当然，你觉得没有采纳你的留言是个人偏见，你完全可以自己去找个地方写出来发布出来，只要不违法、不诽谤、不散布谣言，那都是你的自由。但是，我并无替你发布我不认同的文章的义务。

说来说去，总结一下就是：在这里写作，不是为了迎合谁，是个人有表达的需要，是想说点自己想说且能说的话，不是为了取悦谁、埋汰谁。尽管有些文章实际上让一些读者觉得取悦了他或者埋汰了他，但那都不是我揣摩读者的心思后刻意为之，而只是说了自己想说的话而已。

所以我已经多次强调，我的文章若帮到了你，你不必觉得我有恩于你，若没有帮到你，你也别来苛求我。那些文章，都是我自愿写的，都是我觉得自己应该写的，并不是刻意想得到你们的肯定或者否定。

前一阵子有句话挺流行，借用进本文作为结尾：想听摇篮曲，请去找你外婆。

2020 年 3 月 30 日

我不是"流浪记者"

最近有些文章称我为"流浪记者",虽有褒奖的意思,但并不打算接受。

在媒体干的时间确实很长,有十六七年,但辞职离开媒体已经一年多了,不再是记者。所以,过去大家称我为"褚记者",勉强能应一声,如今再称我为"褚记者",就不打算接话了。

或许有些人觉得,我做的事情与记者类似,还有人说,一日是记者终身是记者。其实不然,我如今的写作不是新闻写作,自己也无法定义如今的这种写作是个什么类型。其实,没有必要定义,只要没写错、说得有道理就行。

最早开微信公号写作的时候,给自己定的规矩是按新闻写作的套路来,"提供更多事实,克制输出情绪"。写着写着发现不能这样,我早就不是记者了,提供事实固然很好,有点情绪也实属正常。

没有了记者身份,无法到新闻现场,自然不能像过去那样完全提供硬邦邦的新闻事实,但是凭借个人的经验、积累的资源和当记者养成的某些职业习惯,应该还是能写一些靠谱的文章。

这种类型的写作，对我来说并不是什么新鲜事。

大学时代，我已经开始在报纸的评论版发表评论文章，工作后在好几家报纸的评论版开过评论专栏，高峰的时候一个月在非自己工作的报纸上公开发表17篇评论文章。后来成了职业记者，慢慢没有了时间和精力再进行这类写作，写得少了。如今赋闲，正好重操旧业。

手口如一，我手写我心，是我想做并愿意做的事情。

有些读者经常留言说，写得好，我支持你；也有读者留言说，偏激刻薄，不符合你记者的身份。看了上面我说的这些话，这些人应该明白了，我如今写作纯粹是一个个人行为，写什么不写什么我自有判断，你们支持也好不支持也罢，你们爱看也好不爱看也罢，我都会在这里自顾自写自己的。

2020年的春天，有五六十天我几乎每天都写一篇或者两篇文章，不少对湖北局势武汉局势的判断，现在回头看，有些文章即便有情绪也都是靠谱的。

还有很多人很好奇，经常问我不工作靠什么生活。

辞职后，确实没有稳定收入，但我小时候饿过肚子，对物资的要求和欲望并不强烈，吃饱饭就觉得很好，偶尔有口酒喝、有盏茶饮就觉得幸福。

在江湖上行走多年，朋友不多也有那么几个，还有一大帮理解我支持我的前媒体同行、师兄弟、初中高中大学同学、弟子，他们多数已经是社会的中坚力量，偶尔给我寄点茶、送几瓶酒，够我消遣了。

再说了，我也没有闲着坐等别人包养。去年秋冬之际去新疆旅游，偶遇了正宗的新疆阿克苏苹果，于是开了微店帮助果农卖苹果。如今微店里还有书籍、定制的个性折扇，这几日又帮果农上架了他老家新鲜的不知火（丑橘）。自食其力，也能吃饱肚子。

最后回到"流浪记者"这个称呼上来，这里强调一下，我早不是记者了,爱四处行走,爱游山玩水,但并没有流浪,吾心自有归宿。若非要给我安个身份,那就叫我"键盘侠"吧。

2020 年 3 月 18 日

第四章　所有的善意

今日，请允许武汉再大哭一场

今春遭逢大难，湖北人、武汉人泪多。今日，我们又要大哭一场。

前些时候湖北人哭过，武汉人哭过，那些眼泪是因自己和身边人遭遇不幸而落。今天，湖北人再哭，武汉人再哭，是为了送别一起战斗了四五十日的各省援鄂医疗队。

今晨起，多支援助湖北的外省医疗队开始撤离湖北撤离武汉，他们将回到自己的家乡，回到自己亲人的身边，回到自己本来的工作岗位上。

请允许我一个个敲出它们的名字：吉林、重庆、辽宁、安徽、青海、天津、甘肃、云南、贵州、福建、浙江、上海、北京、四川、陕西、新疆、新疆建设兵团、山东、山西、黑龙江、海南、江苏、广西、宁夏、广东、湖南、江西、河北、内蒙古、河南，还有一些部队医院，他们一共有42000余人。

这四五十日，他们从四面八方逆行到湖北、逆行到武汉，不分南北无论东西，过高山跨江河。他们冒着生命危险进入湖北，到武汉，到孝感，到黄冈，到汉川，到蕲春……

我们，当为他们一哭。

他们也哭过很多回吧？

他们乘坐的飞机降落在空荡荡的武汉天河机场时，机场的灯只为他们开着，内心生出的悲壮与恐惧难以言表，他们哭了吧？他们进入重疫区看到各种无助、各种命悬一线时，内心又生出的责任感，也让他们哭了吧？如今看到湖北恢复了生的希望，欣慰的他们也会哭吧？……

这一次众省援鄂，热情与2008年各省援川相同，所面临的危险却有天壤之别。

他们进鄂时，正是湖北最危险的时候，也正是武汉最危险的时候，病毒肆虐，湖北本地的医院里很多医护人员已经连续坚守多日不能稍歇，医院里防护服告急、口罩告急、人手告急，死讯不断传来，他们送来了人，送来了物资，送来了医疗技术，送来了生的希望。

不管他们是受命而来还是志愿而来，他们都是湖北的恩人，都是武汉的恩人。

临别之际，湖北人、武汉人难免洒泪相送，武汉人阳台上喊出"假的假的"，也喊出了"谢谢你们"，可惜，你们要走了，我们却记不住你们绝大多数人的模样。

很多援鄂的医护人员，这四五十日与接管的湖北医院的医护人员朝夕相处，因都戴着口罩和护目镜，穿着防护服，彼此的模样可能都记不住。可是，他们早就是生死之交了。

湖北本土的医护人员，感染3000多人。万幸的是，42000余名援鄂医护人员无一感染，他们健健康康而来，健健康康回去，这是他们家人期盼的结果，也是湖北人同样期盼的结果。

也有援鄂的医护人员永远留在了湖北。

3月13日傍晚，广东支援湖北荆州医疗队员王烁在走访查看社区疫情防控工作时被一辆急速行驶的面包车从后侧撞倒，经全力抢救无效，于当晚23时不幸因公殉职。他是英雄，永远活在湖北人心里。

我们，也当为他一哭……

湖北人是感恩的。襄阳，记下了所有援助襄阳的医疗队队员的名字，决定今后区域内所有的 A 级景区和 25 家星级酒店向他们终身免费。我相信，湖北其他地市县会不断发布类似的决定，以此表达对各省援助的感谢与感激。

一路平安，兄弟们好走，朋友们好走，今日请允许送别你们的我们再大哭一场，为自己为你们为大家。

饮一盏新茶，看满树花开

不知不觉，喝茶已经快 20 个年头了。

我喝茶，始于大学蹭同学的茶。同寝室的小方，黄冈英山人，家里种茶，每年都会带点茶到学校，寝室几个兄弟就蹭他的茶喝。

喝着喝着，渐渐讲究起来。在武汉工作的时候，自己花钱买过各种不同品级的茶叶。那时候不懂茶，爱喝龙井，都是按价格来分品级。每次去买茶，都会把比较贵的茶让卖茶的姑娘各冲一泡尝一尝。最后，选一款便宜的买半斤或者二两。

偶尔，也阔绰一两回。有一次买茶，遇到一个同事。她见我买的是 4000 元／斤的茶，大吃一惊。那个时候，收入不高，这种茶只能偶尔买一二两品一品。大多数时候，喝的都是低端茶，三五百元一斤的那种。

喝多了，渐渐懂一点茶，不再以价格论优劣，变得有点挑剔，不喝陈茶，懂得用冰箱保存新茶，喝茶用水也开始注意，几乎不用自来水泡茶……

对茶有一些了解后，开始品出味来了。是否回甘、回甘的缓急和持续的时间，渐渐有了感觉，茶的品牌、产地和茶泡出来的汤色、

第四章 所有的善意

条索，反倒不那么在意看重了。近些年，农药残留的消息特别多，饮茶安全也成为一个问题。所以，这几年特别爱喝熟人朋友自家产、自制自喝的茶。

爱茶，但喝之有道。

这几年自己极少买茶了，喝的茶基本都是同事、前同行、同学、师兄弟和个别私人朋友送的，工作对象送的茶基本不收。

茶杯，换了无数个。爱喝绿茶，玻璃杯用得最多，碎得也就特别频繁。有一年，半年里摔碎了五六个玻璃杯。这几年，习惯了，一个杯子常常能用一两年。

烟酒都曾戒过，但茶从未离身，出门一般都要自带茶杯自带茶叶。

有朋友开玩笑说，我工作时经常端着一个茶杯，一副县里小吏的模样，迷惑了不少官家。这真是玩笑，端个茶杯拎个公文包，可能忽悠得了县政府门口的保安，但面对一个官场老司机，你忽悠不了。你坐在一个市委书记面前，他的茶杯比你高档，喝的茶叶比你好，人家还是主场，一方大佬，要想撬开他们的嘴巴，那真得有点别的办法。

喝茶近20年，有些茶给我极深的印象。有一年去浙江衢州，大学同学业成送我一盒龙顶。拆开包装细看，都是一芽一叶或两叶，条索完整饱满。冲泡了一杯，芽叶紧裹，秀顾饱满，倒立杯中，姿态优雅。汤色也清亮，清香随着水汽升腾入鼻。入口略微清苦，但随即回甘，唇齿生津。

后来在文章中提到这款茶，有不太懂茶的读者说我写错了，没有龙顶茶，只有龙井茶。哈哈，我笑而未答。

这些年走过的地方太多，依稀记得，在洛阳得信阳毛尖，价格虽高茶却并不好；在秭归，得丝绵茶，味道居中，条索紧秀均匀惹人喜欢；在九江，庐山云雾茶，芽头肥壮，煞是逗人。

2018年春，去了一趟西双版纳。在版纳的同学老程驾车带着我访了好几个有名的茶山，去看了他的茶叶基地，还围观了茶农炒茶，

195

在茶农家吃了茶叶炒土鸡蛋。那几日，每日都在喝没有发酵制饼的毛茶，喝着喝着，后来大半年都一直喝着老程送我的普洱毛茶。

2018年夏天进京工作，随身只带了老程寄给我的茶，第一次买了烧水泡茶的自动壶，那茶粗大，冲泡出来汤色清亮，回甘迅猛，与绿茶迥异。

经常喝茶谈到茶，不免偶尔有些朋友让我推荐自己觉得好的茶。

2020年春节前，即与三两好友约着去一趟湖北的恩施，想去那里找一款茶推荐给大家。

之所以选择恩施，是因为那里是湖北唯一的少数民族自治州，山高林密，冬天冷，夏天凉，生态极好。

不料情况突变，因为疫情去恩施亲访的计划被打乱。恩施地处偏远，并不严重，如今早就解禁，但我是武汉的身份证，虽然最近一年多都不住在武汉，出门多少还是会不方便。

我去不得，恩施的朋友们只好从恩施给我寄茶来尝。尝过之后，觉得整体都不错。选来选去，决定就给大家推荐鹤峰的茶。

恩施生态好，鹤峰尤其好。有一年我去专访时任鹤峰县委书记杨安文，他告诉我当地一直没通火车、没通高速。当时非常惊讶，这都什么年代了，怎么还有没通火车、没通高速公路的地方呢？

2015年，官方发布消息，修建宜鹤高速，预计2019年年底通车。我上网查了一下，没找到2019年年底通车的相关消息。

一个迟迟没有通高速的地方，生态的保持保护可见一斑。

鹤峰还有一件事给我留下了终生难忘的印象。那年去鹤峰，遇到一个会唱民歌的老人。有一晚一起喝酒，他唱了一晚上的恩施民歌给我听，而且都是情歌，全是哥啊妹啊之类的，他唱一首我喝一小杯，那晚不知不觉大醉。

次日醒来，我暗暗埋怨另一个恩施的朋友。去恩施的时候，这个恩施的朋友给我发短信叮嘱：在恩施一定要当心两样，土家妹子苞谷酒。土家妹子，只要敢端杯子的，都酒量大；苞谷酒，极烈，容易醉。若是遇到土家妹子还喝苞谷酒，万万把持住，否则很容易被放倒。

没想到，第一个把我放倒的既不是土家妹子也不是苞谷酒，而是鹤峰的民歌。

那一次，没怎么听人提鹤峰的茶叶。倒是酒醒的次日，鹤峰县城雨后初晴，站在小城中心能看到不远处的山在云雾中若隐若现，至今记忆犹新。街头茶叶店，我买了半斤鹤峰的白茶带回北京。

4月，暮春时节，正是新茶上市时，饮一盏新茶，看满树花开，感受活着的滋润。

新患相思病

4月10日，戴着口罩背着包出了门。目的地，正是湖北省恩施土家族苗族自治州鹤峰县。

行程是这么安排的：从长沙乘高铁出发到宜昌，再从宜昌乘动车到恩施，再从恩施乘汽车到鹤峰。

车到荆州，窗外开始风雨交加。在宜昌东站转乘动车约一个小时，到恩施的巴东站。

一

列车在巴东小停，烟雨迷蒙，远处的山被云雾笼罩，如仙境。

趁车暂停，在站台上抽烟放风，不由得想起五年前第一次到巴东。那一趟，是去采访陈行甲。他起初并不愿意接受采访，但我自顾自买了到巴东的高铁票。上车后才短信通知他，我将在数小时后到巴东。

他大惊，打来了电话：巴东站并不在县城，而是在远离县城的野三关站，若从野三关下车再到县城，也很远。于是我赶紧在宜昌下了车，乘汽车去了他当时正在调研的乡镇。

报道出街后，他的人生发生了巨变，一年多后，他辞去县委书记的公职离开官场，他的上半场谢幕，到深圳投身公益，下半场开锣。

这一趟的恩施之行，对我来说也意义重大。此行的目的地，是鹤峰县。

鹤峰人说，鹤峰是中国的心脏，是"中国之中"。我一笑，以为是玩笑，一查才发现并不是玩笑。从地图看，鹤峰县真的就位于整个中国版图的中心位置。

到恩施，天色已晚，在华龙城住下，闻讯接住的朋友一顿好酒招呼。

4月11日，鹤峰的朋友委托朋友开车将我送到鹤峰。车行半路，忍不住在无人处停下拍照，下过雨，远山如黛，云雾缭绕，目力所及处都是风景。

又忍不住发朋友圈，鹤峰那边的朋友笑着说：别急，等你到了我这里，你就知道什么叫真的美。

临近中午才到鹤峰。鹤峰的高速公路已经建成，这个一直没有通高速的偏远县城即将结束无高速的历史。

44公里的高速，据说有40多个隧道。不难想象，车走在隧道一个接一个的这段高速上感觉就是一直在钻洞，从一个洞出来又进另一个洞。朋友介绍，这段高速造价高昂。也正是因为山高山密施工难度大、成本高，鹤峰才迟迟没有通高速。

没有高速，意味着封闭与经济落后，鹤峰几乎没有什么污染企业，却保存下了一方好的山水。鹤峰的茶叶，成了县里的支柱产业。

临近中午才到鹤峰，又是一场好酒，鹤峰的朋友带了一坛子5斤装的老酒。席间，和原鹤峰县委书记杨安文视频聊了一会儿天。远在西藏的他得知我再次到鹤峰，很高兴。

2011年第一次到鹤峰，则是为了采访杨安文，小城里一住就是一个多星期。有一晚，饭桌上一位老人给我唱了一晚上恩施土家族民歌,全是哥啊妹啊之类的情歌,他唱一首我喝一口,那晚大醉。

出差的日子,从不游山玩水。那一次到鹤峰虽然住了好几天,但并不曾去看鹤峰的山水。临走,还在街头茶叶店买了1000元的白茶带回北京。

中午饭桌上的三个鹤峰人,有一位龚兄是我的读者,他当年曾跟杨安文打过乒乓球,也跟视频里的老县委书记打招呼。杨安文在那头问他,你还有没有打球?他答,打呢,技术有进步。杨安文说,你再进步也打不赢我。他说,你再回来,我肯定能打得过你。

桌上的人都笑了,我接了话:你过去当县委书记,人家都让着你,你才能赢。现在你不当县委书记了,再来打未必打得赢。众人又是大笑。

二

酒后,我决定去坛子洞看看。坛子洞,是一个有野茶的地方,朋友的茶园也在那里。

山路不好走,路窄,经常是"回头弯"。所谓的"回头弯",就是一个侧卧的U形,可见山路之崎岖。

一路都是风景,一路都是惊叹。当记者久了,储存的形容词极少,时常觉得词穷。

终于到了野茶园,其中有一株400年树龄的野茶树长在石头缝里。走近看,茶树的枝条上长着青苔,树冠高两三米,树干有手腕粗,上面有鹤峰县人民政府认定古树的牌子。

野茶长在一片山坡上,坡下有一处小瀑布,众人纷纷拍照。我坐在石头上抽烟休息,随行的朋友们拍了不少我的抽烟照。

当地的朋友介绍,野茶分两种,一种就是这种长在石头缝的真正野茶,可能是鸟衔来的种子,再或者是风吹来的种子,在石头缝里生根发芽,无人照料,自生自灭上百年甚至几百年,近几十年才被发现。另一种野茶其实并不是野茶,是人工栽种的,但种茶人后来外出务工去了,或者有了别的活路不种茶导致茶园荒芜,数年里茶树无人修理、无人施肥、无人除草,现在也快成了野茶。

坛子洞,这两种野茶都有,尤其是第一种长在石头缝里的古树野茶,目前有五六万棵。

路上,停车数次拍照。

途中遇到一个小瀑布,在山脚形成一个小水潭。水清澈见底,随行的朋友说这水是山泉水,可以喝。我玩性大发,走近蹲下双手捧了一捧水,一饮而尽,果然可喝,无任何异味,甘甜可口。

回程路上,遇到一个背着背篓下山的老汉。老人头发全白了,扎着一条辫子,也有一半的白发披在肩上,我赶紧让朋友停车下去搭讪。一问,老人是个养蜂人。问了一下产量,今年只能收200多斤蜜。我问他,能不能把他今秋的蜂蜜全部收下?老人很欢喜,连声说好啊好啊。

鹤峰的水好,是出了名的。前年,有一张照片红了全网:两个游客在鹤峰的某个湖里划船游览,湖水清澈,船和人如同悬空一般。

此图吸引了大量的游客到鹤峰,去年一些游客在当地野导游的带领下进入尚未开发的地方游览遭遇山洪,导致了一场悲剧。

这样的好山好水,茶叶当然好。

没去鹤峰前,当地的朋友给我寄了一些明前茶。那几日每日冲泡数杯,全是芽头,汤色清亮,入口回甘。正是这茶,吸引我二进鹤峰。

三

从坛子洞返回,已经是下午4点多。临时起意,决定去鹤峰县的走马镇,那里万亩茶园成了景区,很多外地人慕名而去。

鹤峰境内有溇水河,若乘船走水路30多公里,45分钟可到走马,不久鹤峰就会通航。走山路,驾车得一个半小时到走马。

进入走马，前山全部是茶园，视线范围内全部是茶树，路旁的农房被茶树包围，每家每户房前屋后都是茶树。后山，则是自然植被。

到酒店，天已黑，当地的朋友已经备好酒菜，又是一顿好酒。

4月12日早晨5点半，闹钟响，起床洗漱。前晚酒后，约好去木耳山茶园看云海。

出酒店，在茶园间的村道上行驶四五十分钟，就到了木耳山茶园景区，成片的茶园看不到尽头。这座山是茶园，翻过去到下一座山，还是茶园。

大学同学康少见，正是走马人。当年他在中文我在新闻，同住一栋楼还是同一层楼，毕业后他进京做了记者，我留在武汉做了记者，多年后，我也进京一直在一线做记者，他则成了媒体的管理层。如今，我们都离开了媒体，他创业，我赋闲。

少见虽在京工作，回家过年被阻隔在老家不能走，家里有14亩茶园。闲不住，每日在家看茶做茶喝茶。他给自己做的茶叶品牌取名为"高山雾隐"，其中一款芽茶名为"翠峰"，另一款一芽一叶茶名为"峰青"。

到了茶园，才明白"高山雾隐"并非少见的文学想象。早晨7点多，茶山真的是在薄雾中若隐若现。随着日头渐高，雾散云起，更是美不胜收，惹得我这中年胖大叔一个劲让随行的朋友们给自己拍照。

不想走，总想在茶山中间摆一个方桌现场泡一杯茶，三五个人围坐着饮茶看茶……

少见家里的茶园就在路边，我笑称他是地主，一起在茶园里比心合影。

鹤峰的茶多且好，好多知名的外省茶叶都是从鹤峰买茶拉回去加工成自己的品牌。所以，大家现在喝到的很多外地名茶，原料其实都产自鹤峰。

今年，关于鹤峰的茶有很多民间的说法。

走马今年春节前从武汉返乡的人有4000多，但居然无一人染病，有人说是与走马人喝茶多有关。网上有文章论证此事，但不知有无科学依据。但走马无一人感染这是事实。

鹤峰的茶好，除了山水好环境好，还因为富含硒。富硒茶，据说有降脂减肥的功效，能防止心脑血管疾病，还能防癌、抗毒灭菌。

在茶山里转来转去，看到有几处茶园里有成片的茶树被砍了。随行的当地人介绍，当地政府禁止茶农用农药，凡发现喷洒农药的，政府会组织人力将喷药的茶树全部砍掉，被砍掉的茶树三五年才能重新长出枝条供采茶。

日常的管理若一直如此严苛，我这样的茶客将一辈子做鹤峰茶的粉丝。

四

走走停停，不觉日头已经老高。

少见是土家人，好客，邀我去家里吃早饭，家里人备好早餐约定9点开饭，舍不得走，又怕辜负了土家的好饭，只好依依不舍离去。

果然是一桌子好饭菜，炖了一大锅辣蹄子，凉拌了野香椿……

吃罢早饭，少见带我进了熏腊肉的房间。进门就把我惊着了，房梁上挂满了腊肉、香肠和腊鱼。

村子里，每家每户都会养两头猪，家里宽裕的，两头猪在腊月里全部杀了做成腊肉，一年都吃不完；家里经济条件稍微紧张一些的，杀一头卖一头，补贴家用。

这肉，与城里吃的大不同。少见介绍，茶农家里喂猪完全不用饲料，都是家里种的菜、玉米等喂养出来的纯生态猪。

明年冬天，少见打算把村里乡亲们的猪收起来做成腊货上网销售，让更多人吃到鹤峰土家茶农的土猪肉。

今年岁末的腊肉值得期待，眼前的腊肉唾手可得。

少见带我进屋，让我选，十分土豪地说，指哪块拿哪块。选了一块腊肉、一条腊猪腿和几节香肠，准备打包带走，少见的姐夫进来了。

"太少了，再拿一点。"姐夫说。

我笑着推辞，姐夫豪爽，根本不理我，又取了一块重十几斤的腊肉，还给我取下一条腊鱼。装好，大家估了一下，三四十斤。

少见开玩笑："老褚，你赶紧走，再不走我家就要破产。"姐夫怕我不能理解他的玩笑："莫听他的，他开玩笑的。"

哈哈，可爱的姐夫，我怎么会不懂他的玩笑呢。

阳光极好，早饭后坐在少见家的房前喝茶，不想走，无奈县城里还有一个前一日约好的饭局。等我们赶到，约饭的人爽约了，心里暗暗后悔，早知如此应该留在少见家屋前多晒一会儿太阳，再蹭一顿午饭才走的。

午饭罢，启程返回恩施州城，新认识的朋友备了家宴，又是一顿好酒。夜里，接到一个朋友的邀请，请我次日上午去他那里讲一课。

安睡一夜，早起去街头吃了一碗巴东羊肉面，土家人淳朴，用的是海碗。在我老家，那种大碗叫八碗，大得接近盆，比现在城里人吃饭的碗大好几倍。

在城里，意外发现恩施州的很多政府机关把围墙拆掉了，最典型的就是曾数次路过的恩施州公安局。

公安局院子里，有几株大银杏树，过去路过总要多看几眼，但不曾进过那院子。这一次，居然可以自由在大银杏树下漫步。好个恩施，这是进步。

时间到了，来不及吃午饭，登上了返程的火车。

再见了，难忘的恩施，大美的鹤峰，让人口齿生津的鹤峰茶，我带着茶香离去，从此将患上一场新的相思病。

2020 年 4 月 14 日

第四章 所有的善意

醉倒在"大虾之城"

周末,去了一趟湖北的潜江。我所谓的"大虾之城",正是指潜江。

从长沙出发,坐高铁三个小时即可到潜江。若是从武汉出发,一个半小时足矣。地理位置好、交通便利,使得潜江每年吃虾旺季都挤满了外地人。

众所周知,潜江所产的虾实为小龙虾,我这种访客亲历一番后将其称为"大虾城",其中自有缘由。

曾有一夜之缘

2007年,湖北宜昌一个动物园的老虎被人偷走一只,案件离奇,引去各路媒体记者,其中就包括当时进京工作仅半年的我。

因为在动物园办公室的冰箱里无意中发现了三只冰冻的小老虎并将之曝光,我当时成为当地有关部门不太欢迎的记者。

做新闻,别人欢迎不欢迎其实不重要,事情的真相并不会因为地方上的欢迎或者不欢迎就更容易或者更难接近。有时候欢迎你的,可能打了一套迷踪拳，让你眼花缭乱，反倒迷失方向；有时候不欢迎，反倒让你更清醒，让你明白正在探寻的方向可能离事实不远了。

一路追访，打探得知宜昌林业公安锁定的买虎人住在潜江市，我便从宜昌到潜江探访。

到潜江的时候天已黑，下着雨，到酒店住下的时候鞋子湿透了。次日早起，阴雨稍歇，我从潜江市公安局一路找寻，最终才找到了嫌疑人在潜江市园林办事处章华中路的住处。

大门紧闭，邻居们只言片语，信息边缘零散，有效的信息并不多。

做新闻，常常如此，为了一个线索长途奔袭，费尽心思但未必有什么收获，可只要有一丝线索，都要尽力去挖掘。

当年的潜江，还不曾有如今的大名，跟普通的小县城几无二样。那日一别，这十多年再也不曾去过潜江。

后来潜江就火了，潜江的小龙虾让人日日垂涎。在武汉的夏天，我常常记挂的诸多美好事物中有一样就是吃小龙虾。

小龙虾在我的老家过去并不罕见，反倒是常见得没有人要。早年在乡间捕鱼，若遇到小龙虾都是挑出来扔掉，大家基本不吃小龙虾。那时候，村里的鱼塘干塘捕鱼时抓到的野生甲鱼也经常没人要。

那个年代，这些壳多甲厚肉少的东西并不太吸引已经能吃饱饭但肚子里仍缺油水的人。

渔获不多时，小龙虾勉强装进笆篓里带回家。

晚饭时间，一家人坐在一起，把虾尾从壳里剥出，并不红烧也不清炒而是做汤。那汤，剥了壳的虾尾像白棉花一样漂浮在清汤上，起锅前加几片绿色的菜叶子或一把葱花，十分诱人。

小龙虾红遍餐桌之后，却再也没有喝过这种汤。

在很多人弃小龙虾如鸡肋之时，潜江的小龙虾却悄悄成了产业，后来甚至一夜之间红遍了大江南北，潜江人的聪慧可见一斑。后来，不仅武汉人吃，整个湖北都在吃潜江的小龙虾，如今更是全国人民都在吃潜江的小龙虾。

第四章 所有的善意

  这些年说过无数次要去潜江吃小龙虾，人到中年，常常身不由己，不能说走就走，终因各种原因一直没有成行。
  最近，有久闻不曾见面的潜江朋友托人相约，我爽快答应，欣然前往。

哪里是小虾，分明是大虾

  下高铁时，一群朋友已经喝过了第一场酒，等着我去吃宵夜。
  宵夜店的老板，据说是我常看的地方方言短剧的主演"三江锅"开的。门口，周而复始播放着"三江锅"的方言短句。剧中，他叫"三三"，经常一副愁眉苦脸的样子，但一开口就让人忍俊不禁。
  江汉平原的人，本不苟言笑，幽默细胞更是不能与天津人、东北人比，所以我第一次看到"三三""贱贱"们的表演时，还是大大地吃了一惊。
  一夜无话，早晨7点醒来，独自端着茶杯在酒店门口闲逛。下起了小雨，不禁又想起了当年在潜江寻找买虎人的往事。
  早饭约在9点。一碗野生鳝鱼面，我连汤都喝得没剩多少。从小吃米饭长大的人，对面其实无感，但当地朋友特意带去的这家面馆让人难忘。
  常年四处游走，基本发现了一个规律，居住要找星级酒店，吃饭要去街头小店，也就是俗话说的"苍蝇馆子"。美食与地方特色，往往在江湖上才能原汁原味地保存流传下来，街头巷尾，常有做美食的高人给你惊喜。
  下着雨，我们还是执意要去看看潜江的小龙虾交易市场。
  走高速，到后湖，半个小时左右就到了中国最大的小龙虾交易市场。果然，规模大得惊人，人多虾多，当然人不如虾多。潜江市长最近接受媒体采访时发布的数据称，目前日均销量达到了400吨。
  交易中心最忙的时候，大概是清晨，我们吃完鳝鱼面才到，已经错过了最忙碌的时候，不过，市场里依然是青虾、红虾应有尽有。

在湖南，长沙人把重量在一两以上的虾叫"两虾"，在这里有更有趣的叫法，潜江人把重量过一两的小龙虾叫"炮头"，个头大、钳子大、屁股大，然后小一点的重量在六七八钱的叫"中青"，再小一点的叫"小青"。

在交易市场，我们还有最大的收获，那就是知道了怎么辨认龙虾的公母。哈哈，这算半个绝活，暂时秘而不宣。

看完交易中心，我们又去了一家加工企业。潜江人已经把虾的产业链延伸到深加工，虾经过分拣清洗烹饪加工，做成了各种真空包装的熟食，出口国外。最近出口受到一些影响，我们这些自己人可以多吃几只，支持我们自己的农副产品。

这意味着，外地人若想要吃潜江的小龙虾，不一定非要去潜江了，在家里上网就能在各大电商平台下单买到。

醉倒"大虾城"

雨一直下，有些阴冷，是留客的天，也是喝酒的天。

午饭，见到了邀约我去潜江的朋友。吃虾的地方，路边有一个超大的小龙虾雕像。通体红色，虾钳上扬，生动活泼。据说，这个龙虾雕像申请了吉尼斯世界纪录。

菜，最吸引人的当然是小龙虾，清蒸虾上了两盆，油焖虾上了两盆，蒜蓉虾上了两盆。是的，是盆不是碗，可见潜江人的豪迈，也可见产虾地的实力。

潜江人养虾，可不是小打小闹。在潜江的熊口镇赵脑村，村里的书记告诉我，他们村是潜江最大的稻虾养殖基地；而在不远处的熊口农场，"62岁的王老汉"能在手机上控制虾塘里的水位，能即时掌握水的含氧量和酸碱度。潜江的龙虾养殖，不仅规模大、产业链完整，而且养殖技术基本现代化了。

为什么"62岁的王老汉"要打引号,容后再说,我们还是回到酒桌上。

我爱吃虾,小范围也是有名的。长沙的几个朋友,经常聚在一起研究怎么做虾,每次做两三种口味的,他们每个人尝一两只,剩下的基本都是我一个人包圆。

吃着吃着他们问我,褚老师,哪种味道好?我一般是没有时间抬头,低着头含着虾应付他们一句:都很好吃!

一群湖南人大笑,但他们也很佩服我这个湖北佬,吃虾可以不用手,更不用套,用舌头和牙齿就能把虾尾从壳子里干干净净剥出来。

我这种吃法,在有些地方还真不安全,在潜江却完全不怕。

潜江的虾,虾稻共养。稻田四周挖了深一两米的深沟,不种稻的季节,大水漫灌,虾可以在整个稻田自由活动,吃稻田里的浮游生物、枯败的叶梗,天气稍微再热一点,等稻田里插了秧,就会把田里的水放掉一些,让稻田露出来,虾则退回到四周有水的深沟里;等到秧苗分蘖成长到一定程度,虾钳也就很难破坏禾苗了,虾稻实现了和平相处、共生共荣,虾又可以回到稻田里。

虾的经济价值比种稻子高,为了保证虾的成长,农民会主动抑制使用农药。如果为了种稻子打农药,共养的虾就会被药死,所以当地养稻虾极少使用农药。这也就是为什么我这种不用手剥虾的吃虾客在潜江吃得非常放心的原因。当地产的虾稻米,因此也很环保生态,十分抢手。

网上的新闻显示,潜江的官员介绍潜江的虾时说潜江虾环保、健康、物美价廉。后来我才明白,其所说的环保健康就是指稻虾共养所实现的生态亮点。

到了潜江,当然是龙虾管够。晚上,见到了传说中的五七油焖大虾创始人小李。

五七油焖大虾在江湖上成名已经一二十年了,小李已经成了老李,戴一顶帽,瘦瘦弱弱,过来敬酒,典型的人狠话不多。

桌子上,自然又是三种口味的虾,清蒸、蒜蓉、油焖。

清蒸虾,剥开鳃细看,果然是白的,虾肉自然甘甜。蒜蓉虾,蒜香浓郁。油焖大虾,入味鲜香。可惜,吃虾大战频频被来敬酒的朋友打断,总觉得不过瘾、未尽兴。

以后若还有机会去潜江,一定要吃一顿无酒虾。

"62岁的王老汉"

到了潜江,除了吃虾,当然也要搞清楚这些鳃白、屁股大、肉Q弹的小龙虾究竟是怎么养出来的。

19日上午,天晴了,决定去潜江市熊口镇赵脑村,看看潜江最大的小龙虾养殖基地。

村里虽然不少是留守人群养虾,但田头都安装了仪器,可以自动检测水质、水位,人坐在家里就能清楚知道田里的情况。

果然是最大的养殖基地,车行走在田间路上,两旁一直都是虾稻田,感觉走不到头。当然,乡间路不宽,车行不快,所以越发显得养殖基地很难走到尽头。

第二站,是潜江市的熊口农场。这里,现代化的养殖更是让人叹为观止。

接待我们的,是虾农老王。老王实际只有55岁,满头白发,但一个手机能管理上百亩的虾稻田。去年,有电视台的记者去采访了他两天,从捞虾、洗虾、炒虾到吃虾完整地拍了个遍。

最后,记者们大概是被老王满头的白发欺骗了,也或许是为了故意制造一种当地如此年长的虾农都能自如运用现代科技养虾的报道效果,在新闻里把当时54岁的老王说成了"62岁的王老汉"。

老王讲完这个故事,农场的书记在一旁补刀:老王的儿媳妇去年回来看望老王,因为看了报道老王养虾的新闻,在饭桌上给老王敬酒时端着酒杯说,"给我家62岁的王老汉敬杯酒!"众人大笑。

潜江人养的虽是小龙虾,却把小龙虾做成了大产业,大家此时应该能理解我说的"大虾之城"了吧?

离开潜江的时候,日头正好,我打趣说:来的时候下雨,这会儿出这么大日头,这是不留客啊!众人,又是大笑。

高铁上,上网看到澎湃新闻的记者采访潜江市委书记吴祖云的视频。视频里,吴祖云有句话让我印象很深:潜江,好水养好虾;吃小龙虾,就是支援湖北,就是支援潜江。

2020 年 4 月 20 日

一个省委组织部选调生的来信

4月20日,微信公号的后台收到一个读者来信。

来信说,他工作的湖北荆州沙市区有一个农业扶贫项目,希望邀请我去看看。我问是什么项目,他说,正带领一群农民种植鸡枞菌菇,因为疫情销售受到了很大的影响。

他叫肖扬,是湖北省委组织部2019届选调生,现在荆州市沙市区岑河镇沙口村任村支部书记助理。

去年下半年,沙口村投入资金近200万元,其中扶贫专项资金107万元,把鸡枞菌种植列为村里的扶贫项目之一,作为特色产业进行重点打造。2019年12月,沙口村生产的首批鸡枞菌菇正式上市销售。4个种植大棚,占地1600平方米,每天可生产菌菇1000斤,市场价卖到了35元一斤,主要销往广州、上海、武汉等地,形成了供不应求的良好势头。

疫情发生后,鸡枞菌受影响停产2个月,累计损失近80万元。今年3月下旬,开始恢复生产。目前,4个大棚只投入两个,每天可产菌菇800斤,市场价也由原来的35元一斤降至21元一斤。

鸡枞菌又叫鸡脚菇、鸡松菌等,是"四大名菌"之一,有"菌中之王"的美称。它的肉质肥硕壮实，质细丝白，味道鲜甜香脆，含人体所必需的氨基酸、蛋白质、脂肪，还含有各种维生素和钙、磷、核黄酸等物质。

网上关于如何吃鸡枞菌的介绍很多，可以单独成菜，也能作为配菜与蔬菜、鱼肉及各种山珍海味搭配，炒、炸、煎、烩，或做汤，味道都很鲜美，都能够保持脆感。

这种农产品的忙，我可以帮。

我也没客气，"分文不收，但往返的交通、住宿得你们出，恐怕对你们是个负担"。

"这个不要紧，褚老师您放心，这个我们一定安排好，感谢您为我们村民助力。"他说。

看他一直在提村里，我突然意识到他可能是一个基层的工作人员，于是问他的身份。

他介绍，自己是2019年湖北省委组织部的选调生，在村里担任村支书助理。一听是村官，我就犹豫了，这意味着如果我去现场的话，食宿交通恐怕要农民承担，这个不合适。我把自己的想法说了，他说，不存在负担，自己每个月有3000多元的工资，完全能承担这些。

3000多元，如今哪里够用，我暗暗叹息。随后，我表示不希望给村里增加负担。结果他说，只要能给村里办成事，这点费用他自己承担，"只要您能来，三个月的工资都没问题"。

通过这一番交流，我最终决定不去现场了，不给他们增加任何经济负担，但忙还是要帮。我告诉他：我就不去了，你把你们的情况发个简单的文字材料给我，给你们推一下。小伙子很高兴，很快就发来了资料。

他介绍，沙口村是省级贫困村，全村850户、3426人，其中享受完全政策的贫困户有70户、186人，2019年12月，最后3户贫困户脱贫，全村实现整体出列。为了确保贫困户有稳定的收入来源，进一步巩固脱贫不返贫，沙口村成立荆州市锦岑食用菌有限公司，筹集资金7万元，为70户贫困户入股，确保年底分红。

  我替他发了文，读者们很给力，忙坏了肖扬，他给我来信息说电话短信不断，销售势头很好。为了方便大家下单购买，他正在抓紧开通网店。

  疫情之后，湖北的农副产品遇到了暂时的销售困难，"吃援湖北"成为对湖北最有力也是最有效的支持。

2020年4月23日

第五章

往年的这个时候

第五章　往年的这个时候

它在乡间渐少城里日多，正好解了乡愁

　　秋分以后，大地静了下来。
　　拼命嘶鸣了一夏的知了，仿佛一夜之间不见了踪影。若是走在乡间的田间地头，露水会湿了你的裤脚。地里，没有了西瓜，没有了番茄，偶尔还有半死不活的藤上挂着几根长得不像样子的黄瓜。
　　这个时节，房前屋后、院墙边，蛾米豆的花开得正盛。蛾米豆有青绿色的，稍微老一点就变成了浅白色，这种蛾米豆的花自然也是白色花。还有一种蛾米豆是浅红色的，开的花也是浅红色的。
　　老家人均地只有几分，大家都惜地，没有谁家会在大田里种蛾米豆，多数是在菜园子的角落里、房前屋后和院墙边栽几棵。
　　这东西，也没其他大田里的庄稼娇贵，种下去几乎不用照料，就自个往上爬，夏天爬满了整面墙，有的人家会用枯树枝或者细竹搭个架子让它爬满，没有搭架子也不要紧，它能就地舒展成一片。初秋时节，红色、白色花就自顾自地开了。
　　这个时节，村子里都缺菜，地里不仅没有了西瓜、番茄、黄瓜，就连茄子、豇豆、辣椒也都到了尾期，不是即将枯萎，就是长得像秋后的黄瓜那样不像样子，有的头尖肚子大，有的七弯八扭。

217

蛾米豆这个时候挺身而出，白色的花、红色的花谢了，长出鲜嫩的蛾米豆，挂满了一面墙或是垂了一地。摘下来，掐去首尾的尖角，撕掉两侧的筋，洗净下锅大火爆炒，不用杂肉在其中，油锅里下点蒜和秋后长相丑陋的辣椒，就能香透整个厨房。端上桌，趁热吃，极为下饭。

地少人多的地方，还有一种东西不会被种到大田里，那就是洋芋头。

大概会有读者要来争论，这种植物究竟叫什么？不必争论，我老家把这种东西就叫洋芋头。

洋芋头比蛾米豆更贱，甚至房前屋后都不会种，而是沟渠水塘边的坡坡上，菜园子里的正经地方也不会有洋芋头的容身之处，都是长在荒郊野外。

记忆中，老家"渠道外头"是最偏远的一块地，每年下雨都淹，大家渐渐就不去种了。我已经有很多年没去看过那块地，也基本不知道那块地现在怎么样了。"渠道外头"的地头，是一条渠，渠的两岸长满了洋芋头。

还有两块较为偏远的地，我们称为"塘外形"和"老屋基"，两块地中间隔着一口塘，塘边的坡坡上也长着很多洋芋头。

洋芋头的茎叶，有点像向日葵，甚至花也有点像。但茎叶没有食用向日葵那么壮，花也没有食用向日葵那么大的，倒是与时下很多地方种的观赏性向日葵相近。

秋天，母亲会带着耙子和篓子去挖洋芋头，有时候是用锄头。洋芋头长在泥巴里，必须从土中刨出来，因此用耙子和锄头挖洋芋头经常会把土里的洋芋头挖断。

也不必可惜，洋芋头不用播种，上一年没挖干净或者挖断了留在土里的残块第二年春夏之交会就地萌芽，在无人关注的角落、荒坡静静地长枝叶，静静地开花，不用上肥，若是勤快人泼几瓢粪，就会疯长。也不用打药，秋后就在泥土里悄悄长出一大串新的洋芋头。

所以，早些年家乡的洋芋头基本都属于野生的。没有菜的时候，新鲜的洋芋头洗净切成片也能炒着吃，但有股生涩味，还有点中药材的味道，大家都不太爱吃。所以，多数人家把洋芋头挖回家是腌起来做咸菜。

把洋芋头洗净晒干，然后放盐、糖、辣椒之类的腌进坛子里。经过一段时间的腌制，洋芋头酸甜可口，脆脆的，也十分下饭。不过，腌制技术如果不过关，腌出来的洋芋头不脆，口感就会差很多。

工作以后，在城里的菜市场里偶尔会买，酸甜脆嘣，不吃饭也可以用手抓着吃好几块。在一些酒店的自助早餐里，经常会有腌制的洋芋头，能去腻，还能解前一晚的酒。

如今乡里没什么人腌洋芋头了，城里的菜场里洋芋头倒是越来越普遍，正好解了乡愁。

2019 年 9 月 28 日

路边的野花可以采，田里的家花采不得

"路边的野花不要采"，这句歌词广为流传，深入男人心，经常被一些彼此熟识的男人用来打趣对方的风流。

对于侍弄庄稼的农家来说，路边能采的只有野花，家花可千万不能采。

那年初夏回乡，照例去地头转一转，猛地发现满田都是白色的花。走近看，大吃一惊，土豆居然开花了！

村里家家户户都会种土豆，土豆开花本是再自然不过的事情，但幼时从未注意到过土豆花，也大概对美的感知能力尚未被启蒙，看到过却熟视无睹，不曾觉得美，以至于离乡进城很多年后突然注意到土豆花会大吃一惊。

土豆花，是不能采的。庄稼地里的家花，多数都不能采。花若被采了，有的会影响结果，有的会影响留种。

老家地处鄂中，过去是棉区，家家户户都种棉花。棉花作为一种植物名称，在长达近半年的生长期里，有两个阶段有花：青苗期会开粉白色或者粉红色的花，花谢了会结果，果熟了裂开，才是日常所说的棉花。

第五章　往年的这个时候

青苗期的棉花是不能采的，采了就不能结果，也就不能收获最后的棉花。摘青苗开的花，这对棉农来说是割肉之痛，就等于抽穗时毁麦、割稻一样。

油菜花也属于不能采的家花。油菜苗长大之后会抽薹，然后开花，花谢后会结籽，油菜籽能榨油，一家人一年的食用油就靠自种的油菜。如果油菜花被摘了，油菜籽的产量就会减少，势必直接影响家里食用油的量。自产的油不够吃，就必须花钱去买，家里的负担就更重了。

我生平在报纸上发表的第一篇文章，就是写的《故乡的油菜花》。文章是1995年春发表的，当时读初三，写的则是20世纪80年代的事。

80年代仍是物质匮乏的年代，农民种树栽苗都以实用为首要的选择标准。即便是种瓜，怕占地，也只舍得种那么三五株。那时候，也极少有村人种西瓜，多数都是种可以当菜吃的"骚瓜"，偶尔会有人种香瓜和"洋糖罐"。

那个时候，农村人娶媳妇都是自己打家具。打家具需要木材，种树就是为了将来砍树打家具，如果不种树，儿孙娶媳妇就只能花钱去买木材请木匠打，所以对土地资源极为有限的棉农来说，家里房前屋后稍微有点空地的都会种实用型的树。

在这种特殊的时代环境里，村里几乎没有人种什么果树，也极少有人种别的瓜果。我是在大学毕业很多年之后才第一次见到苹果树，苹果树不适合我们那里的气候土壤，没人种属于正常，但其他适合种的果树村里也没有，橘子树、柿子树这些过去统统没有。

记忆中，村前一户人家有一株枣树，还有村中间的一户老房后有一株桑树，这就算村里仅有的果树了。

长在这样的村子里，平日里是没有什么瓜果吃的。油菜薹，因此偶尔会成为替代品。

《故乡的油菜花》就是在这样的大背景下写的，原文已经遗失，内容大概就是：物质匮乏的年代，年幼无知的我躲在油菜地里偷吃油菜薹，被母亲发现了，差点挨打。文章结尾，落在了三四岁的大侄儿身上：时间就到了90年代，整个社会进步了，家里没那么困难了，有丰富零食的大侄儿不会去偷吃油菜薹了。

还有一种花，是幼时每个夏天都会见到但却未曾特别注意的，那就是楝树。

那年夏天回乡，除了发现土豆会开花还意外发现楝树的花非常香。有一天在村里闲逛，突然闻到一股浓烈的花香。循迹找出，发现有一户人家的房前有一株楝树，上面开满了红白相间的小花。再走近细看，花瓣是白色，花蕊是紫色的。

楝树的花盛，果实也多，很容易四处自然传播，过去村里到处都是野生的楝树。但楝树的果实既不能吃也没有什么别的实用价值，楝树花也就成了可以摘的野花。如今，村里的楝树快要绝迹了。

小时候，很多庄稼都不会被允许长到开花。

比如萝卜，萝卜若开了花，那长在土里的萝卜基本就老得不能吃了。除了萝卜，小白菜、大白菜、包菜、莴苣、菠菜、红菜薹这些日常的蔬菜都不会被允许长到繁花盛开。你若在哪家地里看到了莴苣、萝卜、包菜、红菜薹顶着一头的白花，千万不要去采，那必定是人家特意留的，花谢了结籽留作种子，来年到了季节播种下去才有新的菜吃。

民以食为天，农民庄稼地里的花多数都与果实、收成有关，因此在乡间能采的只有野花，但凡地里长着的庄稼开花，都不能采。

如今流行乡村游，城里的朋友们可千万注意，乡里的家花千万不要采。

2019年10月1日

第五章　往年的这个时候

满镇皆是粪臭味

老家县城通了高铁，从省城到县城，据说只需要半个小时。

前晚9点多，赶到火车站，想去体验一把。不承想，票已售罄，铁路上的朋友帮忙，才得以上车。上了车发现，确实满座，只补到一张站票，幸好只有半个小时的车程，站半个小时并不难受。

从高铁站回乡，一路都是臭味。问家里人，得知是粪臭。

老家的菜农正在给菜地施肥。上一波的菜收获了，下一波的菜播种前，菜地都要深耕，深耕前，很多人家都要先给地里施一遍鸡粪或者猪粪，所以到处都是粪臭味。

这样的臭味，很多年没闻到了。

小时候，各家各户都养猪，但猪并不圈在猪圈里，能四处自由活动，随地大小便，满村都是它们的"厕所"。而且那时候家家户户种地都首选农家肥，旱厕里人制造的粪便，各种家禽的粪便，都是上好的农家肥，因此猪粪那时也很珍贵，老人小孩有空就会到处捡粪，老家方言叫"搭粪"。

捡到的粪，都带回家倒进自己的旱厕粪池里。经过一段时间的发酵，用粪桶挑到地里浇庄稼，尤其是菜园子里用得最多。挑粪的时候，要搅动粪池，粪臭味因此很远都能闻到。虽然臭，但用这种农家肥培育长出的各种蔬菜肥壮，清甜好吃。

后来，化肥越来越普及，各种各样的肥料五花八门，挑粪浇菜的人比以前少了很多，很难闻到粪臭味了，菜园子里的菜也渐渐没有了幼年的味道。

近十年左右，老家过去主要种棉花的农民越来越喜欢种蔬菜，种菜卖菜成了留守农村的农民的主要收入来源，农家肥又开始慢慢受到老家农民的青睐。

城里人嘴也刁，知道农家肥种出的菜更好吃，买菜的时候也愿意多花块把钱买用农家肥种出的菜。只不过，城里人可怜，即便是愿意多花钱也未必能买到正宗的农家肥菜。毕竟，用农家肥太麻烦。

不仅嘴刁，城里人如今也越来越看重健康，农家肥种出的菜更生态、更环保、更健康。如果种菜完全只用农家肥，那就是正宗的有机生态蔬菜了。

市场规律在哪里都会发挥它的调节作用。施农家肥麻烦，正宗的农家肥菜很少，但市场需求量很大，自然就会贵那么几块钱。但多花这么几块钱，吃得舒服，吃得放心。

农民也在进步，用了很多年化肥之后发现，用化肥产量很大很方便，但化肥种出来的菜味道不如用农家肥种出来的菜好，价格也上不去，农家肥重新受到菜农的青睐也就很自然了。

如今，老家已经成了远近闻名的蔬菜大镇，如何种出好卖好吃的菜，成了村里的菜农们每天都在操心的事。

昨天上午，专门去看了新修的田间路，终于硬化了，以后下雨落雪村人都不怕了，三轮车都能开到田间地头拖菜。只可惜，资金不够，路不够宽，完全没法错车，也还没完全修通，差那么几十米。

这个时节，老家地里红菜薹早一点的已经抽薹上市，有的还在努力生长，有的地里种的是白萝卜，也到了收获的时候。有些人家拔完萝卜，正在准备种土豆。虽然已经入冬，在菜地里忙的农民倒是比过去种棉花时多。

  昨晚，回村喝酒，散场已经 8 点多。趁夜离村，头顶是一轮半圆的月亮，空气里弥漫着浓浓的粪臭味，心情甚是愉悦。

  如今满镇皆是粪臭味，但不久就会孕育出满田的蔬菜。做熟端上饭桌时，满桌清香可酬肠胃。

2019 年 12 月 8 日

往年的这个时候

昨晚，微信朋友圈都在回忆四年前的 2 月 29 日。

一位朋友在苍山洱海边骑自行车，与当时住在大理的野夫夜夜把酒言欢；最近在武汉写出很多好报道的另一位朋友看了一部叫《聚焦》的电影，讲述的是一群调查记者追求真相的故事。

我不记得自己当时在做什么了，尚未辞职，多半是喝茶看花的日常随意与自在。

朋友圈里，不记得是谁还在晒老家盛开的油菜花。往年的这个时候，确实正是看油菜花的时节。

油菜花于我有特殊的童年的记忆。20 世纪 80 年代，农村仍物质匮乏，二三月地里没有瓜果，正是断菜的时节，农家孩子们几无零食。油菜薹，成了偶尔解馋的替代品。吃油菜薹，一般选粗壮的，剥皮后生吃，甘甜清脆，也有一股子青气。

说偶尔解馋，是因为在那个吃肉还很奢侈的年代，一家人一年四季的食用油全指望那几分地的油菜，农民都很爱惜地里的油菜，成年人几乎不允许孩子们祸害油菜地，吃油菜薹只能偷偷摸摸。懂事的孩子，一般也不会主动染指油菜田。

第五章 往年的这个时候

这些记忆,初中的时候曾写成文字投递给报社,成为我在报纸上公开发表的第一篇文章。

成年后,油菜花被一些地方经营成了景观。每年这个季节,各处的油菜花次第开放,吸引很多人周末下乡去踏青观赏。今年,不仅看油菜花成了不可得的奢望,就连往年人挤人的武大樱花大道也鲜有什么人在树下流连。

往年的这个时候,最吸引我的是即将上市的新茶,各地各种不同风味的新茶让人垂涎。

喝茶,大概是这些年保持时间最长且从未中断的爱好。饮酒抽烟,都想过要戒,断断续续持续到现在,茶却是每日都在喝,不曾中断一日。

大学毕业的头几年,收入不高,为了品鉴同款茶不同品级的区别,会一次去买三种品级的同款茶,八千的买一两,四千的买一两,八百的买二两,几两茶买下来,一个月的工资花去大半。

后来,知我爱喝茶,分散各地的同学、师兄、媒体同行开始给我寄各地的茶叶,只要是新茶,我来者不拒。最近几年,几乎不用自己买茶了,喝的都是这些比较亲近的同学朋友赠送的地方茶。

喝了十好几年茶,专注于绿茶。前年的这个季节,去了一趟云南,与普洱结缘。同学新国,每日开着车带我进山,寻访各大茶山,遍访易武古镇之类的,翻山越岭,看了不少古树,还去茶农家里喝酒吃饭。

在茶农家里吃过一道终生难忘的菜:茶叶炒鸡蛋。茶叶,是我们亲手摘的鲜叶,鸡蛋是茶农家里土鸡下的新蛋,茶叶蛋饼煎出来金黄里透着翠绿,茶香里夹杂着蛋香。

那日,我只饮了不到三两当地的老酒,就有了醉意。

对于一个喝茶成为日常习惯的人来说,对茶制作的所有过程都有极大的兴趣。自然,我们还去茶农郎二家里现场观摩了炒茶。

郎二炒茶的手艺据说很不错,但是他不上山采茶,只负责炒茶。炒茶时,我们一直围观,各种拍照和视频。炒好第二锅后,郎二出

227

汗了。

"好的炒茶师傅，都是炒三锅才出汗。今天被你们围着拍，紧张，才炒了两锅就出汗了。"郎二抹着额头的汗笑着说。这话，把我也逗笑了。

正是因为这一次云南之旅，让我开始喝普洱。当然，不是发酵之后的普洱，是跟绿茶制作工艺差不多炒出来的鲜叶。

去年秋天，兄嫂在老家给我摘了一些邻居屋前的桂花寄到北京。不料十分惊艳，每次泡普洱时加一小撮桂花，茶香里便添了几分桂花香，喝过的人都赞不绝口。好些贪香的人想要我那不到二两的桂花，都不曾舍得送与他们。

去年岁末，曾计划今春去寻一个茶园，定制一些茶叶与大家分享。今春封城又封村，这计划泡汤了。

往年这个时候最寻常的美好，如今都不可得了。我们总以为将来会越来越好，谁曾想到一日不如一日。世事无常，再不敢不珍惜眼下每一个日常的欢愉了。

2020 年 3 月 1 日

舌尖上的记忆

冬至那天,满屏的北方人都在吃饺子。

北方人过什么节都是吃饺子,好像过节除了饺子没别的可吃了。其实,冬至不吃饺子也可以很暖。下午,用大哥寄来的新米煮了粥,天快黑时切了大半盘熟牛肉,煎了几尾小干鱼,暖暖地喝了一大碗粥。

前几天,有朋友给我留言:你好像对吃很讲究。

这是一种错觉,严格来说我只是个吃饱肚子就行的人。但是,饱肚子也有底线,比如有米饭绝对不吃面条,宁可吃咸菜也不吃海鲜。所以,将来就算是讨饭,我也只要米饭不要面条和饺子。

另一个朋友来探视病中的我,居然现场包了几十个饺子。大家开着玩笑说我不爱吃饺子,大概是因为小时候家里穷吃不起饺子。玩笑话,勾起了不少回忆。小时候,对饺子没概念,但吃过不少特殊的东西。

老家过去是传统的棉区,土地主要种棉花,每户只留一小块地种菜,勉强供应一年四季的菜,没菜可吃或家里来客就"上街"(老家把去镇里买东西叫上街)去买。

二三十年前，我们那里没有大棚蔬菜，吃的菜都是应季蔬菜。按照几十上百年祖辈传下来的规矩，到了什么季节才种什么菜，没有反季节蔬菜。

春节前后种土豆，三四月开始种西红柿、茄子、青椒、黄瓜、豇豆、豌豆（北方人说的蚕豆），等等。印象中，夏天秋天吃得最多的菜就是茄子、辣椒和豇豆。夏秋冬则种小白菜（北方人说的油菜）、包菜、白萝卜、大蒜、红菜薹等菜。现在想想，幼年村里的菜种类极少，常见的菜大概就这些。

因此，按照这样的节令，每年的三四五月，家里自种的菜都还是菜苗，这段日子，菜地里就几乎没菜可吃。

母亲，把没菜吃的情形称为"断菜了"。家里条件好的，断菜的日子会去买菜，比如豆腐、千张、香干、豆芽、豆渣粑、鱼、肉等。我们那里，肉只有猪肉，极少有牛肉和羊肉之类的。家庭极度困难的，别说买鱼肉，连豆腐都没钱买。

幼时家里断菜的日子，吃过两道终生难忘的菜。第一道菜，是炒蒜。把一瓣瓣蒜剥去外皮，然后放到油锅里炒，最后放盐。这道菜，在家里实在没有菜也没钱去买菜的时候吃过一两次，此后再也没有吃过，印象中香咸下饭，味道还不错。

第二道菜，是炒红薯。将红薯切薄片，下油锅翻炒，然后放少许水煮熟再加一些腌制的剁椒和盐。这道菜，吃起来有点甜又有点辣。父亲做过几次这道菜，高中以后再也没有吃过。

还有一道菜，幼年常吃，也是父亲生前下酒的最爱。

做法并不复杂：将晒干的豌豆（蚕豆）下锅炒，炒的时候不放油，炒熟后盛起倒入冷水中浸泡十分钟左右，将水滤掉，然后锅里放油、辣椒和蒜末，将浸泡后的豌豆倒入翻炒，两三分钟后加盐起锅。我后来在湖南、江西、湖北的一些地方出差吃过。不过，这道菜现在一般都不会是正经的菜，只是饭前的味碟，也就是开胃小菜或者凉菜。吃这道菜，牙要好，不然咬不动。

冬天也常濒临断菜,那个时节地里主要是白萝卜和小白菜(油菜)。小学的那几年,冬天家里常常用炭炉子炖一锅白萝卜和小白菜,一家人围着炉子吃。

幼时家里吃晚饭一般天都黑了,那个年代又常停电,吃饭的时候不得不点煤油灯或蜡烛。在昏暗的煤油灯或烛光下,锅里煮着的一锅白萝卜,每次伸筷子下去总梦想着会夹到一块肉。一送到嘴里,立马发现是用白水煮熟因缺油水微微有些苦的白萝卜。

不过,有些菜即便在断菜的日子大家也不会吃,比如南瓜藤上的嫩芽尖、南瓜花、红薯叶子、豌豆的藤蔓尖、莴苣叶子和芹菜叶子。这几年,这些过去不吃的东西都成了时髦的时令蔬菜。

小时候最喜欢的一道菜,则是大蒜炒腊肉。大蒜,入秋以后才播种,春节前后正好可吃。过年了,腊肉也差不多腌好,用半肥半瘦的腊肉炒青翠的大蒜,人间美味。这道菜,只在春节后的一个多月吃得到,其他季节没有大蒜也没有腊肉。

这些与父母有关的味道,好像都随着他们的离去而消失了。

2016 年 11 月 29 日

在狭长的走道里种一盆绿萝

　　下电梯回屋子里,要经过一条狭长的走道。顶上装的是声控灯,你若轻手轻脚,将不能让感应灯开启,那就要在黑暗里走过那条狭长的走道。

　　每次走这条走道,总觉得有些异样。

　　这栋楼里,年轻的女性居多。电梯里,经常遇到各种各样的异性,即便偶尔晚归,也常偶遇很多同样晚归的小姑娘。我常想,这些人走在黑暗狭长冷漠的走道里,心里一定也多少有些慌吧?

　　我们住在最里面的一间,要从走道的起点一直走到终点,我倒是不怕,家里晚归的人会怕。伊说,一个人走确实有些害怕,尤其是晚上一个人回家。那种怕,大概也不是单纯的怕,是冷清,是孤寂,是某种隐藏着随时准备冲出来的危险。

　　慢慢地,想着要改变一下。于是,那日把阳台上的一盆绿萝拔了出来,换到了一个 12L 的矿泉水桶里,添了土,重新种了起来。

　　那是一个喝光了水的空桶,有近 50 厘米高,装满了土,可以种出很多植物蔬果来。

　　去年在北京,也是用这样的矿泉水桶种了向日葵,播种后看着它们发芽、展叶、伸枝、开花、结果。2018年的冬天，在北京西站附近的一个小区里，外面虽然寒意逼人，但有一家的窗台上居然开着两朵金黄的向日葵。对，那就是我寄居京城时居所的阳台。

朋友晓琳说，从没见过一个男人像我这样爱养花种草。

空矿泉水桶里，还种过西红柿，也是从播种到西红柿成熟，全程亲历。后来，每有喝完水的空桶，总想着是不是可以种点什么。

如今居所阳台上的这盆绿萝，买回来后没有换土，总是半死不活，每隔几天会发现又有叶子枯黄了，或者是行将枯黄。这也促使我下决心换盆添土，并放到走道里去。

绿萝本是很容易养的植物，可以水培可以土栽。在北京的时候，买了两盆，后来越长越密越长，藤蔓长的已经爬了近1米。没事的时候，我会拔出一些来，插到玻璃瓶子里。

玻璃瓶子，来路也很不正规。有些是我喝空的酒瓶子，有些是我做剁椒鱼头用完了剁椒剩下的玻璃瓶。

装剁椒的玻璃瓶，矮矮粗粗，用水洗净浸泡一日，瓶身外贴的广告纸可以轻松剥掉，然后装满水，把绿萝插进去就行了。每隔一段时间加点水，你就等着它们疯长吧。

水培绿萝，就这么简单。屋子里，当时摆满了瓶子水培的绿萝。天气好，阳光洒满屋子的时候，看着心生欢喜。

离开北京时，养的绿萝都送给了弟子昊阳，也不知道他后来养得怎么样了。

昨晚爬完山回来，突然发现空水桶里移栽了半个多月的绿萝长高了，叶子明显簇拥在一起显得有点挤。远远看去，那抹绿色很显眼，心里莫名地觉得温暖。

心想，将来我再出门讲课不在时，独自晚归的人应该会少几分惧意。伊会知道，家门口，那个狭长的走道里，有一抹热烈的绿色等伊归家。

2019年11月24日

"艳遇"普洱

前一阵子，高中同学老程又勾引我了，甚至买好了机票，邀我再访西双版纳。

2018年暮春，辞去了工作的我第八次去云南，却是第一次去西双版纳。

没有艳遇的往事

第一次去云南，是2005年。那时还年轻，还正是伤春悲秋的年龄。从昆明到大理再到丽江，大巴在蜿蜒的山路上缓行，看着窗外延绵不绝的大山，听着陈奕迅的《十年》和刘若英的《后来》，常常不知不觉泪流满面。

后来，数次到云南都是因为工作。

2007年6月，禁毒日前夕，跟随公安部禁毒局赴滇采访云南禁毒，在临沧专访了时任临沧市公安局禁毒支队长李登荣；2015年，公安部在武汉评选"人民最喜爱的警察"，我受邀到现场观摩，巧遇新任的临沧禁毒支队长，得知李登荣已因患癌症病逝。

2008年5月，赴云南玉溪调查公选副处级干部泄密事件，采访中途汶川地震，临时受命赶赴丽江，采访丽江大地震灾后重建启示录，随后由滇入川奔赴灾区。

同一年，赴腾冲，调查当地一家房地产企业涉嫌将在和顺古镇的投资款当作慈善捐赠名列慈善榜事件。采访没结束，被报社派往其他重大采访现场。2013年看到新闻，该公司总裁在法国乘坐的直升机坠毁，其及幼子身亡。

2008年7月，云南普洱市孟连县胶农与企业之间发生冲突，被报社派往孟连调查该事件。也是这一年的7月，昆明发生公交车爆炸案，又赴昆明采访。

2010年，红河泸西县发生一起夺矿枪战案，被报社派往泸西县调查该案。

采访的日子，总是紧张忙碌，无暇顾及山水。若干次到云南甚至两次到丽江，从无什么艳遇。

2018年到云南，已经从报社辞职，无事一身轻，山水别样风情。

大学毕业就去了西双版纳的老程得知我到了昆明，邀去版纳小住，欣然成行。那一次，白天在易武、南糯山访茶，晚上在澜沧江边听浪……

到西双版纳我才知道，云南普洱茶的核心主产区不在普洱市而在西双版纳州，老班章、易武等普洱茶的知名品牌也多数都在西双版纳。

第一次到版纳，老程每日驾车陪我进山看茶。进山访茶，如今也是他日常生活的一部分。

2018年在易武寻茶

十五六年不见，他已成资深的普洱茶爱好者、研究者，经常进山寻茶。买茶，要亲自到茶园看树、看茶园的生态、守在茶农家里看茶叶的制作……

在南糯山多依寨，我们去了哈尼族茶农郎二家里。

哈尼族以父亲的名字为姓，一直传承下去，这样家族脉络就很清晰。按照这个传统，郎二姓郎，郎是他父亲的名字，郎二的儿子则以二为姓，叫二高。

"我孙子以后就叫高大上，怎么样？"郎二当时跟我们开玩笑。

郎二家的木楼，是传统的哈尼族民居。一楼饲养牲畜家禽、堆放柴火等杂物，人居住在二楼。比较神奇的，是二楼做饭的火塘。郎二说："这堆火，从这栋房子盖起来就没熄过，20多年了。"整个二楼都是木板，只有火塘这一块是泥巴砌的。

寨子里，仍有很多哈尼族人住在传统的哈尼族老房里。不过，随意在寨子里逛了逛，几乎家家楼下都有车。

这一次到版纳，我自然又提起了郎二。再进南糯山，多依寨已经发生了翻天覆地的变化，郎二家的木楼已经拆除，原地盖起了一座现代化的二层小楼。郎二介绍，盖新楼花了上百万。

这次去，又认识了哈尼族人资大。靠着家里的茶树，资大家里盖起了两栋小楼，两个儿子一人一栋。

寨子里，木楼多数已经拆除改建成了砖瓦结构的小楼，哈尼族的民族特色所剩无几，让人暗暗惋惜。

慕名拜访老班章

鉴于第一次分别去了南糯山多依寨和易武落水洞村，这一次老程决定带我去老班章看看。

熟悉普洱茶的人都知道，老班章的普洱是普洱茶里的贵族，产量不高，价格很高。

进老班章之前，我们先去参观了距离老班章不远的贺开古茶园。

古茶园里，没有翻土的痕迹，茶树没有剪枝，地里长满了野草，生态保持得非常好。在别的茶山，我们看到有的茶园里手腕粗的茶树被拦腰锯断。

见我不解，老程解释：没有修剪的老树，发芽慢、少，产量低，但是生长的时间长，茶叶的内含物质丰富。修剪过的茶树，第二年发芽就快就多，但是茶叶品质差很多。

我突然明白了老程为什么经常驱车在山里跑来跑去，去茶园里一片片地看、一户户地找，就是在比较每家茶园里茶叶的细微差别，这样才能找到性价比更高的茶叶。

离开贺开没走多远就是班盆古寨。班盆的茶叶据说也很好，距离老班章也只有三四公里，但茶叶价格差距很大。

终于，我们沿着一条十分颠簸的石子路到了久负盛名的老班章。

老班章是一个自然村，也就是村民小组，一共百十来户，所产的茶叶有限。现在满世界的茶叶店里都有老班章，真货并不多。

进村，设有卡点，外面的机动车不能驶入，必须有村民认识打招呼才能驾车进入，第一次去的陌生游客只能下车乘坐村里的观光车才能进村。

进村看到的第一个建筑，是一个农村信用合作社的营业网点。这些年，因为工作的缘故，各省市区基本都跑到了，还是头一回见到一个金融机构在一个自然村设置营业网点。

当地的朋友介绍，老班章因为茶叶价格高，茶农每年收入不菲，过去他们习惯用现金，每次卖完茶叶都收入大量的现金，银行于是专门给老班章设置了一个营业网点，便于茶农存款。

因为有朋友介绍，我们驾车进了村，村里好几户都在建新房。一问，都是两三千平方米的规模，投资上千万。

村民之富，令人咂舌。

老班章的茶叶贵，若是没有熟人介绍，进村的游客找到某个茶农家里，茶农一般只会给每个人发一瓶矿泉水。只有熟人介绍的客人来了，茶农才会泡老班章的普洱茶待客。介绍的中间人在当地影响力越大，茶农泡的茶越好。

在南糯山和易武，则不一样，茶农家里来了客人，不管认识不认识，茶农一般都会热情地拿出好茶款待，聊得投机还可能杀鸡留客吃饭。

在老班章的茶农家里，我们喝到了茶，第一款是2000元每公斤的，第二款是6000元每公斤的。老程说，正宗的老班章古树好茶，要1万多元一公斤。

正给我们泡茶的老班章茶农补充了一句：网上还有买一送一的老班章，都是假的。

今年老班章大旱。茶农一边给我们泡茶一边介绍，往年这个季节西双版纳已经进入雨季，雨水多，茶叶长得好，今年极少下雨，山里的沟涧干得已经见底。

"寨子里的老人说，活了一辈子，头一次这么干。"茶农说。茶桌上，丢着一条茶农平日里抽的香烟，百元一包。

离开老班章，我们顺道去了一家茶厂。老程自己进茶山精心选购的普洱茶，都是在这里加工制成饼的。

进入车间，要换一身白衣，脚上要穿鞋套。这是我第一次近距离参观普洱茶的制作过程。

普洱茶在茶农家里，只是简单加工，晾晒、炒制成毛茶然后卖给茶商。茶商们将茶叶送到专业的工厂，还要经过多道工序：人工挑选粗叶、老叶，然后机器利用静电、过筛将碎茶和灰尘过滤掉，经过这两道工序，挑出来的茶条索完整、规整，才会进入下一个制饼环节。

不知不觉日头已偏西，景洪城里，还有一群湖南湖北的老乡等着我们吃晚饭，意犹未尽的我不得不离去。

一喝普洱定终生

当我们在老班章闲逛时，老程的湖南朋友老谭正在家里给我们准备食材，他要给我们做一顿正宗的湘菜。

老程在西双版纳朋友很多，多数都是湖南湖北人，湖南人尤其多。

西双版纳的湖南人很多，因此从长沙是可以直飞西双版纳的，但武汉最近没有直飞版纳的航班。

老程的朋友们经常在一起聚会，多数时候就是在一起喝茶。和他们在一起，一晚上要喝三四款茶。普洱茶本来就耐泡，三四款茶可以轮流喝到半夜。

喝茶聊天，谈的都是茶，一小口一小口啜着，茶香醉人，他们能喝出这款茶是数百年的古树还是树龄只有几十年的，是新茶还是往年的茶，每款茶的特点、优劣，一群人坐在一起四五个小时喝着聊着就慢慢品出来聊出来了。

西双版纳懂茶的人多，但当地懂茶的人并不都是茶农或者茶商，各行各业的人都与普洱日日相伴，随便一个人可能都能说出个一二三四，让人叹为观止。

坐在一旁不用作声，喝着茶听老茶客们聊，能学到很多入门的普洱茶常识：茶汤清亮酽稠为好，新茶刚入口略有涩味，回甘迅猛持久的茶好……

老程爱普洱，经常酒后喝着茶就会对我说：朝新啊，你在版纳多喝几次普洱，就不会再想喝别的茶了。

喝了十几年绿茶的我，嘴巴上并不服气，心里服气。离开老班章的那日下午，车开出去半个小时了，嘴巴里仍有丝丝甘甜，茶味之悠长可见一斑。

当时就跟自己说：普洱，大概就是人到中年的我在云南的艳遇了，这辈子，恐再也离不开普洱。

2020 年 6 月 3 日

有一种成就感,需要时间慢慢酝酿

最近,种了一种以前从未种过的东西。当然,也不是什么稀罕物件,就是蘑菇。

我老家所称的蘑菇,准确地说是平菇。

小时候,村子里最多的是杨树。我老家说的杨树,与大家理解的杨树也有些不同,大概正儿八经叫柳树,与垂柳极为类似,但枝条并不下垂,而是跟普通的树一样枝条朝天长。

那时候,房前屋后都是苦楝树,但远近的池塘边种的是杨树,每个池塘边都长满一圈。

深秋时节,天气已经有点冷,偶尔有雨。每次雨后,树龄有那么十几年二十年的老树上,就会长出蘑菇来。长出来的蘑菇,就是平菇。

杨树上的蘑菇,有的长在树蔸处,有的长在树干上,有的长在人够不着的树桠里。颜色灰白,与树皮颜色接近,不仔细看未必能发现。有时候刻意去寻,不一定能找到,无意间路过,倒是常常有惊喜。

从树上把蘑菇摘下来带回家,用大蒜叶炝炒,或者是炒肉,都极为鲜美。还有一种吃法,就是做汤,瘦肉豆腐蘑菇汤,都是当时家里不多见的好菜。

那个时候，没有人种蘑菇，吃的蘑菇基本都是树上野生的。村里人多，但树就那么多，所以经常会有抢着摘的情形。

今天，我在池塘边的杨树上发现了一窝蘑菇，但觉得长得还不够大，想过几天长大一点再去摘，可第二天再去看，已经被人摘走了，心疼不已。后来，发现有刚刚萌芽的小蘑菇，就会在附近扯一把枯草把蘑菇盖起来。

没多久，发现扯草遮盖其实是个昏招。本来别人没有发现你先发现的那丛蘑菇，盖一把草反倒暴露了。次日去，草没了，蘑菇再次被人捷足先登给摘走了。

偶尔，在人迹罕至的地方，会发现被人忽略的大蘑菇。幼年，找到的最大的蘑菇足有脸盆那么大，摘回家一家人都无比的惊喜。晚上，炒上一碗，跟肉一样香。

后来，村里的杨树基本都被砍了，摘蘑菇这样的趣事一去不复返。

最近，突发奇想，从网上买回四个菌棒，决定在家里试试人工种植。

11月24日，菌棒到家，算是正式开始种蘑菇了。每天浇水，而且是每天浇好几次水，但一直没有动静，让人心急。11月30日，才发现菌棒上萌发了小菇。

等着萌芽的时间很长，一度以为失败了，但萌芽之后的小蘑菇，长得非常快，几乎是一天一个样。

12月3日，肉眼已经很清楚地能看到小蘑菇了。12月5日，蘑菇已经长得有大拇指盖那么大了。

12月9日，蘑菇已经长成了，当晚摘了一盘，做熟端上桌发现，很嫩，也很香。

摘完第一茬，继续每日浇水，第二茬如今又已经萌发了。

头一周，是一个等待的过程。这种等待，与我以前种西红柿、种向日葵是一样的，播种之后需要耐心，耐心等待，等着种子萌芽。在那没有任何动静的三五日里，坚持每日数次浇水，不能因为三五日没看到动静就轻易放弃。

蘑菇好吃，养蘑菇也没有什么技术含量，但即便是没有技术含量的事情，也需要耐心，需要时间。

我是个急性子，这些年养花种菜，人静了许多，耐心也好了很多。越来越明白，对我这种普通人，没有哪一种收获是一朝一夕可以速成的，必须一日日付出，必须一步步往前走，积累到了一定时候，才会水到渠成。

2019年12月13日

第五章 往年的这个时候

食无鱼,味不甘

寄居在武汉市内的华中科技大学和北京西站附近的那段日子,经常做一桌子菜呼朋唤友,喝酒的只管喝酒,饮茶的随意饮茶。

爱做菜,常做的菜是鱼。与我稍微亲近一些的朋友都知道,但凡我下厨,必做鱼。

幼时,乡间多鱼少肉。

晴时,水塘里捉鱼,光着屁股下水可网捞可手摸。那时候,钓鱼还是为了吃鱼,但钓鱼收获太慢,野鱼难钓,下网捕鱼最快。

若是雨天,大水漫塘,更是四野皆鱼。房前屋后的水渠沟道里,置一网兜脸盆都能捕到鱼。

鱼多,吃法却单一。

穷人家,饭菜皆要发挥最大价值。物质匮乏,有米无菜的日子常有,下饭菜因此很重要。菜好不好吃,评价判断之标准不在于是不是鲜美,而是下不下饭。若一个菜不下饭,多半不会受欢迎。

吃饭,也不是为了品尝美味,而是为了饱肚子。至今吃饭快,与此有关。

1997年，高二暑假在建筑工地打工，早餐多是包子和卷子，一个大簸箕端上来，抢到什么吃什么，抢到几个吃几个，一群光着上半身的建筑工人挤在一起，太斯文的人会饿肚子。

没菜的时候，家里发明过很多"新菜"，比如晒干的蒜，去皮，用盐炒作菜。高一的时候，没有菜吃，一块腐乳吃二两饭。

鱼，极少煮汤，多是盐腌后煎着吃，不为别的，只为下饭。

乡里，多白鲢，俗称家鱼，剖开洗净从头到尾顺着剁成宽二三厘米的鱼块，加盐腌半日，下锅油煎，没有姜蒜，起锅前加几大勺自制的剁椒，咸辣下饭。

我至今爱吃这种做法的鱼块，也还常做，做法也是早年间在土灶前给母亲打下手烧火时耳濡目染学会的。

一条两斤的鱼，一般会分成两顿煎，吃两餐。一块两三厘米宽的鱼块，要吃一碗饭。若一块鱼吃完饭还有半碗，去夹第二块鱼的时候心里会很过意不去。

日子好起来后，再不用顾忌这些，鱼的吃法也多起来了，煎、炸、煮、炖、蒸基本都学会了。

夏天水茂鱼多，适合吃鱼。当吃菜不再是为了下饭后，食材是否新鲜就显得重要了。

买鱼，必买鲜活的，看着剖净，回家洗净稍作处理就下锅。

最近也常做鱼，前几日做了西红柿煮鳜鱼、酸豆角烧黄骨鱼，皆获好评。

做鱼，需耐心，也有些小技巧：油下锅，撒少许盐在油锅里，可以防止鱼粘锅。油烧热，鱼下锅后不要轻易翻动，否则容易破皮散架。耐心等到鱼能在锅底自由滑动，就不会破皮散架了。

如今做鱼，姜、蒜、料酒、生抽、紫苏、青红辣椒等调料配菜极多，煮鱼的水也弃自来水而用矿泉水。想当年，作料不过一勺油、一勺盐、几勺剁椒而已。

煎鱼块，如今偶尔也吃，每每吃起，总想起过去，想起灶间的老母亲。

2020 年 7 月 25 日

在弥漫着烟火味的屋子里性感

据说,下厨的男人也很性感。很难想象,在一间弥漫着烟火味的屋子里如何能性感起来。有段日子,每日下厨,自然不是为了性感,而是为了饱腹。

那段日子,客厅里常聚集各路人马。吃人的嘴短,难免会有人吃完后要委婉地夸几句,比如说我可以考虑将来开个私房菜馆。

自己的菜自己知道,我这手艺,在家里款待几个熟人朋友可以,放到市场上去检验,毫无竞争力可言。

很多事情,对我而言都只能当作爱好,不能当作谋生的手段。作为爱好,有趣好玩,是一种生活情趣,一旦成为谋生的手段,就烦琐无比,甚至可能误入歧途。比如写作,下厨也多半是如此。

在媒体工作的时候,日子多数时候很闲,有空就要下厨。当然,做的都是家常菜,按照小时候家里的做法做的。常做的菜,无非是豆制品和鱼。

农家煎豆腐,是 2017 年住在华中科技大学校内经常做的一道菜。

选材必须是老豆腐,嫩豆腐容易散,很难成型。老豆腐切成手机的厚度,热锅热油,锅底撒少许盐可以防粘锅。不要轻易翻动,为了受热受油均匀，可以转动锅。单面煎起，皮变得焦黄，再翻面继续煎。最后，姜蒜生抽少许清水，烧几分钟即可出锅。

另一道喜欢的湖北菜，是烧参子鱼。

盛夏时节，湖北正是食参子鱼的季节。参子鱼，这种叫法是我老家的土话。此鱼学名叫什么，至今不知也懒得深究，只是与刁子鱼形似，但参子鱼长不大，刁子鱼可以长到好几斤。参子鱼一般都是野生，十几厘米长。

每年夏天，参子鱼自然出现在清澈的水塘里，冬天绝无可能捕到。幼年房前屋后的池塘都还水质清澈，一到夏天水面就浮着一群参子鱼，游来游去。

钓参子鱼，在我们老家叫"搭参子"：一根竹竿一截细丝线一枚弯钩一截红蚯蚓，竹竿一甩，钩随线浅浅入水，竹竿横拖，制造一种红蚯蚓在水面"游动"的假象，吸引参子注意。参子咬钩后，竹竿拉起，白晃晃的参子就出水了。

参子出水就死，钓起来再放进水桶里也很难养。幼年没有冰箱，也没有冰块冷冻，一般是当天就煮食或者是腌起来。

在我家，吃参子鱼是不用油炸的。或许是那时候油金贵，炸鱼费油，一般都是红烧或者干炕，鱼肉鲜嫩，十分下饭。幼年常帮母亲下厨，依稀记得做法。

多数地方的菜市场没有这种鱼卖，在武汉、长沙等地的菜市场的一角，偶尔会有。卖这种鱼的，多半是个挑担的老人，偶尔遇到会让人惊喜。运气好，若路上遇到了一定要买十几尾，回家试烧，仿佛有幼年的味道。

2019 年 9 月 16 日

有一种奇怪的乡愁：吃芹菜不带叶子，吃豆芽要掐根

我的老家，在鄂中偏东一点儿。30年前，家家户户都以种棉为生。如今，棉农多数都变成了菜农。

在那个年代，棉花一年只能种一季，且生长周期长，四五月播种，随后是移苗下地，每隔半个月都得打药除草，苗差不多有一人高了得打顶，也就是把苗尖掐掉，不让棉株继续长个而多开花结果。

种棉花，很辛苦，整日里都得在地里侍弄，九十月才收获。棉农九十月才开始收获，但那个年代收公粮税费却是七八月就开始了。

老家方言里，收棉花叫捡棉花，每个人腰间围一个布兜子，用手把已经绽放的棉花从棉壳里摘出来。棉壳绽开干裂后尖尖的，不小心会扎到手。

老家的地里，每年只有两种庄稼。夏初播种棉花，11月份棉花基本都摘完了，拔了棉梗种麦子。麦子种下去，一年也就到头了。

很多年，棉花都是统购统销，各个乡镇都划分势力范围，若跨

区域卖棉花被发现，是要受罚的。有几年，在各乡镇接壤的地方都设有检查站，禁止把本乡本镇的棉花卖到外乡镇去。

我们村几乎没有水田，不能种水稻，大米靠买。每家每户只有一小块菜园子，种菜都是按季节来，总有那么几个月菜园子里是没有菜的，所以吃菜也要买。棉花被垄断收购，价格低廉，农民往往入不敷出，棉农的日子多数都过得很窘。

但后来很多年后，我发现老家农民的日子其实挺"讲究"。

这一点，是我离开老家外出求学谋生后才发现的。在老家，芹菜一般用于炒香干，但择菜时都会把叶子择下来扔掉。可是，老家以外的很多人吃芹菜是连叶子一起吃。当然，我们老家吃的是小芹菜，不是很粗壮的那种西芹。

冬天，若去重庆四川，苍蝇馆子里有一道菜叫"炒凤尾"。第一次听说"凤尾"，十分好奇，点了端上来一看，一盘炝炒的莴苣尖和叶子。在我们老家，莴苣叶子是没人吃的。大概是因为略微有点苦，喂猪的人家也不会用莴苣叶。

空心菜，过去老家人也只吃菜梗子不吃叶子。所以，空心菜疯长的时节，你若在我们村里游荡，会不时看到三三两两的妇女聚在一起择空心菜，茎掐成大拇指长的一段一段，还要把圆形的空心菜梗子捏破撕开，叶子则都扔掉。

近些年，有些地方流行吃红薯尖，也就是爆炒红薯藤上掐下来的嫩叶子。这个菜，我们老家过去也不吃，偶尔吃也是只吃红薯藤上的嫩茎，我们称之为苕梗子。红辣椒爆炒苕梗子，也是一道美味。

还有一样菜，最近也让我发现了老家人的"讲究"，那就是吃豆芽要掐根。我每次买豆芽，不管是绿豆芽还是黄豆芽，下锅之前必然会把豆芽的根一根根掐掉，从小养成的习惯。最近在长沙下馆子，吃了几次豆芽菜，发现也都带着根，极为影响口感。湖南人看我掐豆芽根，也会阻拦，说不用这样，湖南人吃豆芽都是带根的。

早些年那么穷，物质匮乏，老家人也不吃芹菜叶子、莴苣叶子和豆芽根，这是乡人日积月累的一种习惯。可我一直很困惑，长期处于饥饿状态中的人，主动放弃那么多可以增加一口吃食的物产，这其中是有何种已经被岁月渐渐遗忘的生活常识呢？

2019年8月4日

第五章 往年的这个时候

只一小口,差点把我吃哭

南方的夏天,最是难熬。

幼时,经常半夜睡得浑身大汗,早上醒来床单都被汗水浸透。那个年代,没有空调,没有冰箱,露天睡竹床、吃凉粉、吃井水冻过的西瓜是孩子们夏天唯三可以解暑的事情。

父亲是个篾匠,做竹床远近闻名,家里几乎人均一张竹床,尺寸各异,有双人的,有单人的。每天晚饭时节,家家户户把竹床搬到室外的巷子里,把竹床当餐桌,一家人围着竹床吃饭。不远处,可能是另一家的竹床餐桌,端着碗可以,邻居家有什么新鲜菜,会让你夹一筷子尝一尝。

吃了饭,大人孩子洗了澡,把竹床擦得干干净净,竹床就成了纳凉的床具。

夜里蚊子很多,也很热,有的人家会在竹床四脚绑上竹竿,搭上蚊帐通宵睡在室外。关系要好的,几家人把竹床排成一排睡在一起,家长里短、谈天说地。

说到吃凉粉,就忍不住咽口水。幼年的夏天,母亲会在大铁锅里放一锅冷水,把不知名的白色粉子调在冷水里,然后土灶开火,用一双筷子不停地在锅里搅动，锅里的水和粉子慢慢变成了有黏性的糨糊。

　　火候到了，母亲把糨糊盛到一个脸盆里，然后就不管了。儿时的我，忍不住，会隔半个小时就去看看。眼看着，脸盆里的糨糊渐渐冷却凝固，成了果冻一样的东西，这就是我老家的凉粉。

　　与很多地方吃凉粉不一样，我们老家的凉粉是当甜品吃的，不加盐、不要酱油、不要辣椒、不要蒜汁，只要三样：冰水、醋、红糖。

　　那时候村里家家户户都有一口井，地下抽上来的井水自然甘甜，冬天水是热的，夏天水是凉的。夏天吃了早饭去上学，会用父亲喝完了酒的酒瓶子灌一瓶井水，有钱人家的孩子会买一块方糖（不记得是什么糖了），这样在学校就有一瓶子甜甜的冰水喝了。

　　吃凉粉，必须有这种冬暖夏凉的井水。把凝固的凉粉用刀切成指甲盖大小的方块，浇上刚出井的凉水、醋和红糖，喝一碗，燥热的夏天突然就不那么燥热了。

　　前天，决定试一试。厨房里只有面粉，按记忆中母亲的做法，失败了，面粉不能凝固，煮了一锅面汤。昨天，买菜的时候买了一袋生粉，决定再试试。

　　半锅冷水，把生粉拌入冷水里搅匀，然后开火加热，加热的过程中不断搅拌，慢慢地，慢慢地，锅里的白色汤水变成了乳白色的糨糊。估摸着差不多了，把糨糊用大碗盛出来，等着冷却。晚上，我把大碗放进了冰箱。

　　今天中午，拿出来一看，成了！外形、凝固的程度，就是记忆中的那样。拿小刀切了一块，加了冰水、红糖和醋，喝了一口，眼泪差点就涌出来了：就是小时候的味道，就是母亲做的凉粉的味道。

　　有些记忆，承载在某种食物的味道里，有些情感，靠某些记忆延续！

2019 年 7 月 3 日

在这个方面,湖南人一点都不比广东人差

最近,一直在京、鄂、湘三地游走,尤其是湖湘之地走得多。待久了,发现一件事,在某个方面湖南人比广东人不差,比湖北人强多了。

哪个方面?吃的方面。湖南人在吃的方面的追求,绝对不比广东人差,比湖北人则是强多了。这么说,有几个原因。第一个原因,是创新意识强。常有很多你意想不到的新菜,厨子和餐馆老板们也很看重菜的仪式感。

昨日去吃了一顿鱼头,带我去的朋友说是湖南最好吃的鱼头。作为一个数月前一直在试图研制出一道褚氏秘制剁椒鱼头的人来说,吃罢有点失望,没有吃出香味,只觉得太咸。吃过我的菜的人都知道,我是个重口味,做菜向来以咸出名,但这家的鱼头让我都觉得咸,完全盖住了鱼头的鲜香,让人失望。

可是,人家吃鱼头的仪式感真的很强,每份鱼头上桌,上菜的小伙都要齐声吆喝。最奇特的,是用轿子抬鱼头上桌。上桌后,给鱼头浇上一点酒或者酒精,然后请"最尊贵的客人"点火。昨晚,我当了一回"最尊贵的客人",所以鱼头味道虽然差了一点,那顿饭吃得

还是蛮愉快。

第二个原因,是湖南的厨子和餐馆老板们都很爱学习。这一个多月,我接触了不少湖南的餐饮从业者,这帮人年纪不大,都爱到处学菜,一有空闲就开着车到处试吃各地的菜。吃饭对于我来说,多数时候就是为了吃饱肚子,但人家吃饭是为了学习,一天可以吃六七顿,一餐可以吃两三个地方。为了吃某一个传说中的菜,可以开车几个小时长途奔袭几百公里,吃了就回去按照味蕾的记忆试着复制出来。

3月下旬,几个朋友带着去了湖南益阳的桃江县,其中一个朋友觉得路边的麻辣烫好吃,硬是托朋友找关系找卖麻辣烫的老奶奶拜师学了人家的手艺。这种学习创新的精神,真的是让人叹为观止。

第三个原因,是湖南的文化人很重视吃的文化。去年在北京的湖南大厦吃饭,居然在包房里看到一份报纸,名字叫《大湘菜报》。好奇,翻了翻,居然有七八个版,还是彩版,写的都是湘菜的故事、特色或者做菜的流程,还有一些餐馆的推介。大家都知道,这几年陆陆续续有报纸干不下去倒闭关门,湖南人居然办了一份这样的报纸,这份报纸居然还能活着没死,让人叹服。

第四个原因,是餐馆老板们调子都很高,但人家菜确实有特点,生意火爆。很多时候,你去吃个什么小龙虾,排队、没包房,而且据说一排就是两三千号;吃个肥肠,排队,老板和服务员还一副爱搭不理的样子,爱吃不吃。这种对客人爱搭不理的情况,我在长沙经历了好几次。没辙,人家生意好,你不吃自然有成群的人排着队等着吃。

以前,我以一个记者的眼光观察湖南,觉得湖南人有鲜明的地域特点,湖南官场在国内也是与众不同,值得长期关注与研究;如今作为一个食客,觉得湖南的菜与湖南的厨子们也都与众不同,而且与众不同得有点可爱。

说这些,大概是爱屋及乌的原因吧。

2019年4月13日

第五章　往年的这个时候

我们终将无可奈何地老去

春节前几日，大侄儿剑儿结婚了。

剑儿小我11岁，是我看着长大的，出生的时候，我还在上小学，那日跟母亲在外婆家做客，二哥骑自行车突然赶到外婆家接母亲，说大嫂要生了。等我们赶回家，村里的女赤脚医生已经把剑儿接生下来了。

家里的第三代，添了第一个男丁，父亲母亲自然是高兴的。在农村，儿子的数量一直都是一个核心竞争力。如今不同了，男女比例严重失调，娶媳妇不容易。村里未婚的大龄男青年十几个，附近有个村子据说30岁左右未婚的小伙子有三四十人。

剑儿的婚礼办完当日，我长舒一口气，家族的下一代，已经开始成家立业了，新的时代开始了。

很多年前，我曾担心过剑儿，还打过他一次。

1999年，我大一下大二上，他上小学。有一次回家休假，放下行李就去看他。当时他在东头的厢房里做作业，我快要进门的时候，听到他和屋后侄儿豪豪（前几天也结婚了）的对话。具体内容如今已经不记得了，只记得大概是剑儿在让比他大一点的豪豪帮他做作业。

当时我就怒了，冲了进去，把他一脚踹在了地上。豪豪看我发火，立马溜了。剑儿哭着从地上爬起来，我又让他跪了半个小时。

这是我第一次打他，也是唯一一次打他。

他的中学时代，最让人担心。上初中开始，他不是打人就是被人打。2004年左右，他在镇上上初中，被一伙住在镇子附近的同龄人打了。当时，大哥大嫂都在福建打工，二哥和我都在武汉，家里只有母亲一人。都是未成年人，派出所没法抓人，慑于地方家族势力，不敢找那些孩子的家长协助讨要医药费。

我找了派出所沟通，考虑到大侄儿还要继续上学，也没受重伤，事情最后私了了。

那个时候，我经常担心他会跟一群不良少年混在一起。初中快毕业，据说还打了一架。后来，他上了中专，二哥管得比较多，我进京工作，几乎没怎么管过他。

中专毕业，剑儿去上海工作，此后每年见一面或者两面，但能明显感觉到他不再需要我担心了。我至今不知道，究竟是我当年误会了他以为他是个不良少年，还是家里其他人对他的管教起了作用，总之如今他是一个踏踏实实上班的年轻人，话不多，也还算温和，有一个正经工作。

剑儿结婚，他的堂弟、我的二侄儿丢丢没有回来参加。还有100多天，丢丢就要参加高考了，正在补课。春节，老师要求每天至少学习11个小时，今年他第一次没有回乡过年，留在了武汉学习。

如今，对大侄儿的担心转移到二侄儿身上了。如此高压，我一度担心孩子无法承受，也曾跟二哥二嫂谈过，不要压得太紧，别给孩子太多的压力。但如今高中生的压力，不仅仅来自父母，也来自学校。即便父母想给孩子减减压，老师们也会通过各种形式给父母压力，让家长不得不也紧张起来。

好在虽然二哥二嫂很紧张，二侄儿并不太紧张，周末回家总要赖着玩一会儿游戏，说话做事也总是不紧不慢，看起来并不太紧张。

真的，我更希望他有个健康的身体、积极的生活态度。

如今，下一代大的已经结婚，小的刚刚咿呀学语，我们这一辈则集体老去。剑儿婚礼那日，我突然意识到，现场帮忙的堂兄们都老了。弟兄19个，最大的堂兄今年已经64岁了，还有好几位堂兄五十好几接近六十。我排行老十九，都已经40岁了，可不是集体老去了嘛。

无可奈何，未来只能一代代往下交，不交也由不得你。只可惜，剑儿婚礼那天摄像师临时让我说几句时我忘了把父亲生前的一句话传给他这个长孙：我们这个家族，要一代比一代强才行。

一代要比一代强，哪怕进步很小，总是进步才会越来越好，这是父亲生前多次跟我说过的一句话，希望一代一代传下去。

至于怎么个强法，父亲的想法未必与我一样，每一代人都有自己的解释权，在我这里，我只希望孩子们都健康平安，希望他们都有自己满意的人生，希望他们都是真诚善良的人。

婚礼最后，侄媳妇与大嫂拥抱了一下，大嫂哭了，剑儿也哭了。大家都笑，说人家是嫁姑娘妈妈哭，你娶儿媳妇哭什么？我知道，那是因为她发自内心的喜悦。祝福他们，祝福他们一家人和和美美、亲亲热热。

2019年2月7日